Jennifer B. Kahnweiler

Geniale Gegensätze

Wie Introvertierte und Extrovertierte effektiv zusammenarbeiten

Ausführliche Informationen zu jedem unserer lieferbaren und geplanten Bücher finden Sie im Internet unter ↗ http://www.junfermann.de. Dort können Sie unseren Newsletter abonnieren und sicherstellen, dass Sie alles Wissenswerte über das Junfermann-Programm regelmäßig und aktuell erfahren. – Und wenn Sie an Geschichten aus dem Verlagsalltag und rund um unser Buch-Programm interessiert sind, besuchen Sie auch unseren Blog: ↗ http://blogweise.junfermann.de.

JENNIFER B. KAHNWEILER

GENIALE GEGENSÄTZE

WIE INTROVERTIERTE UND EXTROVERTIERTE EFFEKTIV ZUSAMMENARBEITEN

Aus dem Amerikanischen
von Katja Hald

Junfermann Verlag
Paderborn
2016

Copyright © der deutschen Ausgabe Junfermann Verlag, Paderborn 2016

Copyright © der Originalausgabe © 2016 by Jennifer B. Kahnweiler

Die Originalausgabe ist 2015 unter dem Titel *The Genius of Opposites: How Introverts and Extroverts Achieve Extraordinary Results Together* bei Berrett-Koehler erschienen.

Übersetzung Katja Hald

Coverfoto © mosaiko – photocase.com

Covergestaltung / Reihenentwurf Christian Tschepp

Satz JUNFERMANN Druck & Service, Paderborn

Bibliografische Information der Deutschen Nationalbibliothek

Die Deutsche Nationalbibliothek verzeichnet diese Publikation in der Deutschen Nationalbibliografie; detaillierte bibliografische Daten sind im Internet über http://dnb.d-nb.de abrufbar.

ISBN 978-3-95571-500-7
Dieses Buch erscheint parallel als E-Book.
ISBN 978-3-95571-513-7 (EPUB), 978-395571-515-1 (PDF), 978-3-95571-514-4 (MOBI).

Für meine Töchter Lindsey und Jessie,
die mir das Herz öffnen

Inhalt

Vorwort 9

Einführung 13

Teil I: Die Grundlagen 21

1. Wer sind diese ungleichen Paare? 23
2. Der Test: Wie mischt man Öl mit Wasser? – In fünf Schritten zur Genialität der Gegensätze 29

Teil II: Die Schritte 37

3. Den anderen akzeptieren 39
4. Auseinandersetzungen suchen 51
5. Die Rollen richtig besetzen 63
6. Abneigungen überwinden 75
7. Keiner kann alles 87

Teil III: Die Resultate 99

8. Behalten Sie die Resultate im Blick 101

Danksagung 105

Anmerkungen 107

Über die Autorin 111

Vorwort

> „Letztendlich geht es nur um unterschiedliche Herangehensweisen. Das ist bei Konflikten am Arbeitsplatz meist der Fall. Du bist der extrovertierte Typ, Jennifer, während deine Assistentin Amy ein introvertierter Mensch ist. Bevor du diese schlichte Tatsache nicht akzeptierst und lernst, mit Amy zusammenzuarbeiten, wird eure Abteilung ihre Ziele nicht erreichen."

Was Peter, ein externer Firmenberater, da gesagt hatte, war schwer zu verdauen. Ich hatte mir wirklich große Mühe gegeben, Amy mitzuziehen, und erwartet, sie würde sich meiner Energie und meinem Arbeitstempo anpassen. Doch all meine Bemühungen waren vergebens gewesen. Der Versuch, Amy zurechtzubiegen und sie in eine „Mini-Jennifer" zu verwandeln, hatte alles nur noch schlimmer gemacht. Trotz meiner Anstrengungen waren wir als Team gescheitert.

Damals war es schon zu spät, die Situation noch zu retten. Aber der misslungene Versuch, mit Amy ein produktives Arbeitsverhältnis zu etablieren, war für mich letztendlich der Anreiz, mehr über introvertierte und extrovertierte Menschen in Erfahrung zu bringen. Dieses Buch ist das Ergebnis umfassender Untersuchungen, die ich in meiner 30-jährigen Berufserfahrung als Beraterin, Coach und Referentin mit berühmten und weniger berühmten Introvertiert-extrovertiert-Duos durchführen konnte.

Auf den folgenden Seiten erfahren Sie, weshalb es oft schwerfällt, mit gegensätzlichen Partnern gut zusammenzuarbeiten. Sie lernen fünf entscheidende Schritte kennen, mit deren Hilfe es erfolgreichen Partnern gelingt, die gefährlichen Klippen ihrer konträren Partnerschaft zu umschiffen. Und Sie erfahren, weshalb gerade diese fünf Schritte so wichtig sind, woran Sie scheitern können und mit welchen praktischen Lösungsansätzen Sie und Ihr Partner herausragende Resultate erzielen können.

Was beinhaltet dieses Buch?

Da ich selbst Bücher nur selten von Anfang bis Ende lese, war es mir ein Anliegen, die Handhabe dieses Buchs so einfach wie möglich zu gestalten. Ich habe dazu am Ende jedes Kapitels eine kurze Zusammenfassung sowie einige Fragen zum Überdenken eingefügt. So können Sie die Kapitel in beliebiger Reihenfolge lesen, je nachdem, was Sie gerade am meisten interessiert.

Die Einführung befasst sich mit der Grundidee dieses Buchs: Gegensätzliche Partner sind dann am erfolgreichsten, wenn sie sich nicht auf ihre Differenzen konzentrieren, sondern stattdessen Herangehensweisen nutzen, die zu Resultaten führen.

In Kapitel 1, „Wer sind diese ungleichen Paare?“, erfahren Sie einiges über die Stärken von introvertierten und extrovertierten Menschen und über die Reibungspunkte, die entstehen, wenn sie zusammenarbeiten. Kapitel 2, „Wie mischt man Öl mit Wasser?“, demonstriert den Prozess, der zur Genialität der Gegensätze führt, und bildet somit die Basis des Buchs. Dort lesen Sie, wie Sie und Ihr Partner „Den anderen akzeptieren“, „Auseinandersetzungen suchen“, „Die Rollen richtig besetzen“ und „Abneigungen überwinden“ können. Zudem werden Sie erkennen: „Keiner kann alles“. Anhand eines Tests können Sie herausfinden, in welchen Bereichen Sie schon jetzt Gemeinsamkeiten mit hocheffizienten gegensätzlichen Paaren aufweisen, und das Endergebnis dann mit dem Ihres Partners vergleichen.

Die Kapitel 3 bis 7 sind gespickt mit Beispielen genialer Teams rund um den Globus. Die Erfahrungen dieser Paare werden Ihnen zeigen, was zu tun und was zu lassen ist, wenn Sie die Dynamik Ihrer Zusammenarbeit positiv nutzen wollen.

Kapitel 8 fasst noch einmal alles zusammen und gibt die nötige Starthilfe für Ihren persönlichen Erfolgsplan.

Möchten Sie erfahren,

- wie zwei weltberühmte Komponisten, die dachten, der Welt gemeinsam noch sehr viel mehr bieten zu können als eine ohnehin schon beeindruckende Liste von Liedern, letztendlich an ihren unüberwindlichen gegenseitigen Abneigungen scheiterten?
- wie der Geschäftsführer eines Automobilkonzerns in der unglücksseligen Fusion zweier „gleichberechtigter“ Unternehmen von einem neuen Geschäftsführer ausgebootet wurde?
- wie zwei außergewöhnlich scharfsinnige Filmkritiker so sehr damit beschäftigt waren, sich gegenseitig Konkurrenz zu machen, dass sie es um ein Haar versäumt hätten, das große Talent des jeweils anderen zu würdigen?
- zwei äußerst begabte Unternehmensberater ihre Firma verloren, weil es ihnen nicht gelang, ihre Arbeitsstile aufeinander abzustimmen und während der Weltwirtschaftskrise die nötigen Veränderungen einzuleiten?

Geht man davon aus, dass jeweils schätzungsweise 50 Prozent der Menschheit entweder auf der introvertierten oder auf der extrovertierten Seite des Spektrums anzusiedeln sind, ist die Wahrscheinlichkeit, dass auch Sie des Öfteren mit einem Ihnen gegensätzlichen Menschen zu tun haben oder noch zu tun haben werden, sehr hoch. Sicher hing auch bei Ihnen der durchschlagende Erfolg oder desaströse Misserfolg einiger Projekte schon davon ab, ob Sie in Einklang mit einem introvertierten beziehungsweise extrovertierten Partner gearbeitet haben oder auf Konfrontationskurs waren. Vielleicht sind Sie auch schon aus einem Projekt ausgestiegen, weil ein Mitglied des Kernteams der gegenteilige Typ zu Ihnen war und die Frustration am Ende zu groß.

Es ist unmöglich festzustellen, wie viele großartige Ideen nie zum Tragen kamen, weil gegensätzliche Partner die Barrieren, die durch ihr Anderssein verursacht wurden, nicht überwinden konnten – bestimmt können Sie aus Ihrem Berufsleben einige Beispiele aufzählen.

Aber dazu muss es nicht kommen …

Einführung

Ein nur scheinbar leichter Drahtseilakt

Introvertierte und Extrovertierte können gemeinsam Großartiges leisten. Denken Sie nur an John Lennon und Paul McCartney, Sheryl Sandberg und Mark Zuckerberg, Steve Jobs und Steve Wozniak, Ralph David Abernathy und Martin Luther King jr. oder Eleanor und Frank Roosevelt. Die Liste ist lang, und bestimmt können Sie aus Ihrem eigenen Umfeld noch einige Beispiele hinzufügen.

Für Paare wie diese gilt: Gegensätze ziehen sich an. Charakterlich verschiedene Partner verstehen sich am Arbeitsplatz ausgezeichnet, ergänzen sich und bilden harmonische Teams. Oder etwa nicht?

Die tiefere und dunklere Wahrheit ist, leistungsstarke gegensätzliche Paare, die oft den Eindruck einer mühelosen Ausgeglichenheit erwecken, geraten sehr leicht aus dem Gleichgewicht. Und wenn es dazu kommt, sind die negativen Auswirkungen ihres Aufeinandertreffens mindestens genauso groß wie die positiven.

Zwischen konträren Partnern kommt es häufig zu temporären oder auch länger anhaltenden Phasen, in denen ihre Beziehung einfriert oder sie sich entfremden. Die Briefkastentanten und Zwillingsschwestern Ann Landers und Abigail Van Buren beispielsweise haben sieben Jahre lang kein Wort miteinander gesprochen. Die Freundschaft der Politiker Teddy Roosevelt und William Howard Taft ging über politische Differenzen in die Brüche, und die Nobelpreisträger James Watson und Francis Crick arbeiteten, nachdem sie gemeinsam die DNA entdeckt hatten, nie wieder zusammen. Jeder kennt sie, diese gegensätzlichen Paare, zwischen denen es irgendwann beruflich oder privat zum Zerwürfnis kommt.

Ehepaare sind ein gutes Beispiel für dieses Phänomen. Damit eine Ehe funktioniert, müssen die Partner herausfinden, wie sie auch nach den Flitterwochen, wenn die große Verliebtheit nachlässt, miteinander zurechtkommen. Wir alle wissen: Eine glückliche Ehe ist keine Selbstverständlichkeit. Beide Partner müssen beständig an der Beziehung arbeiten.

Tatsächlich erfordert jede Form einer gegensätzlichen Partnerschaft ununterbrochene Aufmerksamkeit, viel Pflege und ein ständiges Ausgleichen. Ohne diesen besonderen Aufwand endet nicht nur die Beziehung im Frust, sondern es gehen auch potentiell großartige Beiträge der Partner verloren – ein Verlust für die Organisationen, für die sie arbeiten, für die Kunden und Klienten und für das gesamte Arbeitsumfeld.

Als Motto für eine erfolgreiche Partnerschaft kann also festgehalten werden:

> Entscheidend ist das Bewusstsein, dass gegensätzliche Partner dann am erfolgreichsten sind, wenn sie aufhören, sich auf ihre Differenzen zu konzentrieren, und stattdessen Herangehensweisen nutzen, die zu Resultaten führen.

Warum jetzt die Zeit für *Geniale Gegensätze* ist

„Weißt du, wer jetzt hier sein sollte?"

Schon seit Jahren coache und berate ich Introvertierte, die ihre Stimme als Führungskraft finden und sich besser durchsetzen möchten. Und bei jedem Seminar höre ich von den Teilnehmern immer wieder dasselbe: „Weißt du, wer jetzt hier sein sollte, Jennifer? Mein Chef, mein Ehepartner, mein Kollege. Denen müsste man mal sagen, dass mit uns Introvertierten alles in Ordnung ist und wir viele Stärken haben. Ich habe ja auch nichts gegen Extrovertierte. Im Gegenteil, eines meiner Kinder ist extrovertiert. Mir gefällt ihre kontaktfreudige Art, aber ich weiß einfach nicht, wie ich zu Wort kommen soll!"

Oft fällen wir vorschnell Urteile über die anderen. Introvertierte glauben, Extrovertierte reden, ohne vorher nachzudenken, machen zu viele Worte, sind schlechte Zuhörer und ichbezogen. Sie wissen, dass sie Extrovertierte mit ihrem langsameren Tempo und der abwägenden Ausdrucksweise nerven, und gleichzeitig frustriert und überfordert sie der Versuch, mit der Energie und ausdrucksstarken Art ihrer extrovertierten Kollegen Schritt zu halten.

Ebenso haben Extrovertierte ihre Vorbehalte gegenüber Introvertierten. Sie empfinden sie als leidenschaftslos, langsam und zu kritisch gegenüber ihren eigenen Leistungen. Das Bedürfnis nach Ruhe von Introvertierten können Extrovertierte nicht nachvollziehen. Sie ärgern sich über deren Besonnenheit und dass sie ihnen die Antworten „aus der Nase ziehen" müssen.

Extrovertierte sind sich meist bewusst, dass es für ihre Kollegen schwierig ist, mit dieser nach außen gerichteten Energie umzugehen. Dennoch empfinden sie diese als Stärke und wissen nicht, wie sie sich bremsen sollen. Extrovertierte glauben, die ruhige Art der Introvertierten sei für ihre Organisationen ein Verlust an potentiellen Ideen und Innovationen.

Gemeinsam können gegensätzliche Partner ihre Leistungen exponentiell steigern

Eine absolut sichere Methode, die unterschiedlichen Talente introvertierter und extrovertierter Menschen erfolgreich zusammenzuführen, gibt es bisher nicht. Kombiniert man jedoch die besonderen Stärken Extrovertierter geschickt mit den Stärken Introvertierter, addieren sich diese erstaunlicherweise nicht nur, sondern es kommt zu einer exponentiellen Steigerung der Leistung und zu noch besseren Resultaten.

Es ist, als brächte man eine Gruppe Weitsichtiger mit einer Gruppe Kurzsichtiger zusammen. Gelingt das Überblenden ihrer Perspektiven, entsteht plötzlich ein komplettes Bild, und die anstehenden Aufgaben können mit einem Scharfblick angegangen werden, zu dem weder die eine noch die andere Gruppe alleine fähig gewesen wäre. Die Möglichkeiten, die aus dem Zusammenwirken zweier konträrer Arbeitsstile erwachsen, sind daher nicht nur für den Einzelnen ein beträchtlicher Gewinn, sondern für das gesamte Arbeitsumfeld. Es entsteht eine bessere Arbeitsmoral, Firmenziele werden oft übertroffen, und die befriedigende Arbeit sorgt für ein Hochgefühl bei allen Beteiligten.

Partnerschaften sind das neue Arbeitsmodell

Der Trend auf dem Arbeitsmarkt geht weg vom individuellen, ichbezogenen Arbeiten hin zu immer mehr Teamarbeit. Dieses neue Arbeitsmodell beinhaltet auch, dass ehemalige Konkurrenten plötzlich zu Partnern werden: Verkäufer arbeiten mit ihren Kunden zusammen, und global agierende Unternehmen verfolgen über Kontinente hinweg gemeinsame Ziele. Soll die Zusammenarbeit Introvertierter und Extrovertierter zum Erfolg führen, müssen die Partner die wesentlichen Merkmale ihrer Persönlichkeitsstruktur – Introversion und Extraversion – kennen und dieses Wissen für sich selbst und die Partnerschaft nutzen.

Was muss man tun, damit die Intro-extro-Kombi funktioniert?

Meine beiden Bücher *The Introverted Leader* (noch nicht ins Deutsche übersetzt) und *Die Stärken der Stillen* haben zusammen mit Susan Cains *Still* und anderen Titeln zum Thema Introversion den Nerv der Zeit getroffen, und so ist das Aufbegehren der Introvertierten inzwischen zu einer regelrechten Bewegung geworden. Hunderte von Lesern sagten mir, sie hätten endlich das Gefühl, Beachtung zu finden. Große wie auch kleine Organisationen nehmen Introversion nun ernster und sehen in ihr ein wichtiges Element der Vielfältigkeit. Von diesen Veränderungen zeugen unter anderem die steigende Nachfrage nach Workshops und Seminaren sowie die Schaffung ruhiger Büroräume, die den Bedürfnissen introvertierter Mitarbeiter entgegenkommen.

Dieses Buch basiert auf den Erfahrungen unzähliger Introvertierter und Extrovertierter, die sich mir im Laufe der letzten zehn Jahre mitgeteilt haben. In zahllosen Gesprächen während und nach meinen Präsentationen und im regen Austausch mit meiner Online-Community wurde ich immer wieder gefragt, wie man mit der „anderen Hälfte" besser klarkommt. Die Leute fragten: „Wie können wir als Introvertierte und Extrovertierte gemeinsam bessere Resultate erzielen?" Wie schaffen wir es also, dass die Zusammenarbeit tatsächlich funktioniert? Das große Interesse an diesem Thema bestätigte mir, es war an der Zeit, die Komponenten dieses empfindlichen Gleichgewichts genauer zu erforschen. Es war der folgerichtige nächste Schritt.

Problemlos kommunizieren

Je früher Introvertierte und Extrovertierte etwas über ihre unterschiedliche Art, sich auszudrücken, lernen, umso schneller kommen sie zu Ergebnissen. Wir alle arbeiten gemeinsam mit anderen in einem Büro oder verständigen uns ununterbrochen über Konferenzschaltungen und Textnachrichten. Dennoch entsteht oft das Gefühl, Introvertierte und Extrovertierte sprächen eine völlig andere Sprache. Wir müssen also lernen, Barrieren frei und ohne Stress zu kommunizieren.

Gelingt uns dies, erzielen wir nicht nur bessere Resultate, sondern sind auch zufriedener mit uns selbst. Olivia, eine extrovertierte Unternehmensberaterin, arbeitet eng mit Introvertierten zusammen. Von ihrem introvertierten Kollegen und Freund Henry sagte sie: „Wir streiten uns nie darum, wer im Rampenlicht stehen darf. Henry ist mein größter Fan. Er erkennt meine Stärken – auch dann, wenn ich selbst sie nicht erkenne." Und Henry sagt: „Olivias Antennen sind immer ausgefahren. Sie spürt die Bedürfnisse anderer. Wir übergeben einander den Stab, ohne einen Gedanken daran, wer am Ende die angenehmere Aufgabe hat."

Was meine Untersuchungen zu gegensätzlichen Partnern zutage brachten

Um die Genialität der Gegensätze besser zu verstehen und die wesentlichen Protonen und Elektronen dieses Modells freizulegen, habe ich über 40 introvertierte und extrovertierte Partner interviewt. Die Befragten kamen aus ganz unterschiedlichen Berufsfeldern und Organisationen und stellten bezüglich ihres Geschlechts, ihres Alters und ihrer Nationalität einen repräsentativen Querschnitt dar. Zunächst gab ich ihnen eine Liste mit Fragen zur Dynamik ihrer Zusammenarbeit und ließ sie dann von ihren Erfahrungen berichten, von den Höhen und Tiefen, die ihre Beziehung zu einem gegensätzlichen Partner durchlaufen hatte.

Die fünf Schritte zur Genialität der Gegensätze

Aufgrund dieser jüngsten Untersuchungen habe ich die wichtigsten Erfahrungen und Themen der Befragten in fünf wesentliche Schritte zusammengefasst und ein leicht zu merkendes Modell* entwickelt. Lesen Sie zunächst, wie die *Genialität der Gegensätze* funktioniert, und stellen Sie dann anhand eines Tests fest, wie nahe Sie dieser „Genialität" schon sind.

Ich hoffe, bei der Lektüre des Buches und am Beispiel anderer genialer Teams werden Sie erkennen, welche Möglichkeiten in der Zusammenarbeit mit Ihrem aktuellen Partner oder mit anderen gegensätzlichen Persönlichkeiten, die Ihnen bei der Arbeit regelmäßig begegnen, noch stecken. Die fünf Schritte, mit deren Hilfe auch schon andere gegensätzliche Paare Geniales leisteten, zu dem sie alleine nie in der Lage gewesen wären, werden auch Ihre Genialität wecken. Davon bin ich überzeugt.

An wen richtet sich dieses Buch?

Dieses Buch richtet sich an Introvertierte und Extrovertierte auf der ganzen Welt, die innerhalb und außerhalb ihrer jeweiligen Organisationen mit gegensätzlichen Partnern arbeiten. Dabei beschränkt es sich nicht auf firmeninterne Beziehungen, sondern behandelt auch die Zusammenarbeit mit Kunden, Zulieferern oder strategischen Geschäftspartnern. Zudem profitieren von den Ideen und Lösungen, die hier vorgestellt werden, auch Trainer, Ausbilder und Manager, denen daran gelegen ist, das Beste aus ihren Angestellten herauszuholen.

Auf den folgenden Seiten finden Sie eine kurze Vorschau auf die Methode.

* Im englischen Original wird vom ABCDE-Prozess gesprochen in Anlehnung an die Schritte „**A**ccept the Alien", „**B**ring on the Battles", „**C**ast the Character", „**D**estroy the Dislike" und „**E**ach Can't Offer Everything".

Der Weg zur Genialität der Gegensätze

Jeder einzelne der folgenden Schritte ist wesentlicher Bestandteil einer starken Partnerschaft:

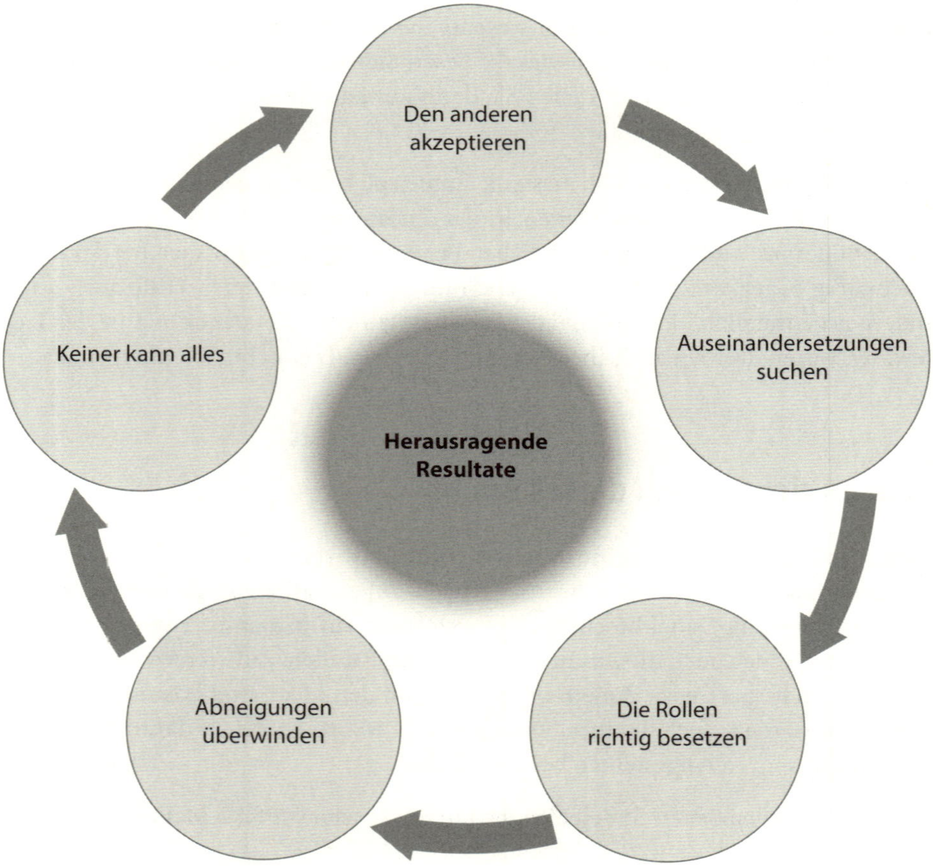

Abbildung 1: Die fünf Schritte zur Genialität der Gegensätze auf einen Blick

1. **Den anderen akzeptieren:** Ändern können Sie Ihren gegensätzlichen Partner nicht, aber Sie können ihn verstehen. Sobald Sie diese Tatsache akzeptieren, haben Sie sehr viel weniger Stress.
2. **Auseinandersetzungen suchen:** Sehen Sie Meinungsverschiedenheiten als eine notwendige Voraussetzung für bessere Ergebnisse. Indem Sie sich gegenseitig herausfordern, kommen Sie gemeinsam zu besseren Lösungen.
3. **Die Rollen richtig besetzen:** Machen Sie sich klar, wer in welchen Situationen der Bessere ist, und besetzen Sie die Rollen entsprechend. So setzen Sie Ihre Unterschiede bestmöglich ein. Partner teilen den Erfolg, unabhängig davon, wer welche Rolle spielt.
4. **Abneigungen überwinden:** Wenn Sie einander respektieren und einen freundschaftlichen Umgang pflegen, können Sie offen miteinander reden und haben Freude an Ihrer Arbeit.
5. **Keiner kann alles:** Machen Sie sich klar, dass keiner von Ihnen alles kann. Nur indem Sie am selben Strang ziehen, können Sie echte Vielfältigkeit erreichen und anderen damit die größtmögliche Anzahl an Optionen bieten.

Zusammenfassung: Den Totalschaden vermeiden

Die Vorteile gegensätzlicher Partnerschaften sind offensichtlich, doch wird die Beziehung nicht richtig gepflegt, bezahlen die Partner unter Umständen einen hohen Preis dafür. Für jede Erfolgsgeschichte gibt es vier oder fünf andere, in denen gegensätzliche Partnerschaften mit einem Totalschaden enden, weil die Partner ihre unterschiedlichen Herangehensweisen nicht vereinbaren konnten.

Sollten Sie schon jetzt mit einem gegensätzlichen Partner erfolgreich zusammenarbeiten, ist dieses Buch eine Art Pflegeanleitung, die Ihre Partnerschaft vor einem Totalschaden bewahren kann. Stehen Sie erst am Anfang einer solchen Beziehung, können Sie mithilfe dieses Buchs verhindern, dass das Ganze gleich zu Beginn unumkehrbar aus dem Ruder läuft, und es dann später als Pflegeanleitung verwenden. Gehen Sie respektvoll und umsichtig vor: Geniale Partnerschaften sind keine Selbstverständlichkeit.

Teil I

Die Grundlagen

1. | Wer sind diese ungleichen Paare?

One going up, one coming down
But we seem to land on common ground
When things go wrong we make corrections
To keep things moving in the right direction
Try to fight it but I'm telling you Jack,
It's useless, opposites attract.

(Oliver Leiber, Texter von Paula Abdul[1])

Was ist die Genialität der Gegensätze?

Die Genialität der Gegensätze erwächst aus der Zusammenarbeit von introvertierten mit extrovertierten Menschen in jeder denkbaren Kombination. Hierzu gehören Paare wie Führungskräfte und ihre Angestellten, kreativ Schaffende und ihre Mitarbeiter, Verkaufspersonal und Büroangestellte, Projektmanager und ihre Sponsoren und viele mehr.

Starke gegensätzliche Teams besitzen eine einzigartige Chemie. Sie bringen gemeinsam Dinge zustande, zu denen einer alleine niemals in der Lage wäre. Aber sie müssen für ihren Erfolg hart an sich arbeiten, denn ihre Genialität basiert auf ihren konträren Persönlichkeiten. Obwohl ihre Arbeitsstile stark voneinander abweichen, können die Ergebnisse ihrer Zusammenarbeit den Eindruck erwecken, sie seien einem Kopf entsprungen. *Daher ist die Beziehung gegensätzlicher Partner dann am erfolgreichsten, wenn sie aufhören, sich auf ihre Differenzen zu konzentrieren, und stattdessen Herangehensweisen nutzen, die zu Resultaten führen.*

Introversion und Extraversion richtig definieren

Introvertierte schöpfen ihre Energie aus sich selbst, während Extrovertierte Energie von außen beziehen. Auch wenn viele von uns glauben, irgendwo in der Mitte zu liegen, neigen wir alle mehr zur einen oder zur anderen Seite.

Es ist jedoch auch möglich, dass Menschen situationsabhängig ein eher extrovertiertes beziehungsweise introvertiertes Verhalten zeigen. Ein Extrovertierter kann sich beispielsweise auf einer Urlaubsparty unter lauter Fremden ausgesprochen wohlfühlen, während er sich gegenüber dem Team seiner Finanzabteilung, in das er nur wenig Vertrauen hat, sehr verschlossen zeigt. Oder ein Introvertierter erweist sich als überzeugender Redner, wenn es um vorbereitete Vorträge geht, ist dann beim Mittagessen mit seinen Kollegen aber eher wortkarg.

Die entscheidende Frage, um herauszufinden, ob Sie extrovertiert oder introvertiert sind, ist folgende: Brauchen Sie, nachdem Sie mit Menschen zusammen waren, Zeit, um wieder Energie zu tanken? Ist Ihre Antwort ein inbrünstiges „Ja!", sind Sie höchstwahrscheinlich introvertiert. Ist die Antwort ein verhaltenes „Ja, schon", sind Sie eher extrovertiert. Dieses Unterscheidungsmerkmal ist zwar nicht wissenschaftlich anerkannt, aber sehr praktisch.

Beth Buelow, Expertin für introvertierte Unternehmer und Autorin des Buchs *The Introvert Entrepreneur*[2], machte einem Intro-extro-Paar, das gemeinsam eine erfolgreiche Firma führt, einmal folgendes Kompliment: „Sie beide meistern Ihre Partnerschaft gemeinsam."[3] Diese meisterliche Zusammenarbeit ist bezeichnend für viele Partner, die in diesem Buch beschrieben werden. Sie alle versuchen auf unterschiedlichem Weg, gemeinsam gute Resultate zu liefern. Aber auch von den Pannen gegensätzlicher Partnerschaften werden Sie lesen und erfahren, wie Sie diese vermeiden. Nachfolgend finden Sie ein paar Beispiele, welche Probleme aus den Differenzen Introvertierter und Extrovertierter entstehen können. Erkennen Sie einige davon aus Ihrem Arbeits- oder Privatleben wieder?

Das Verdrahten von Gegenpolen verursacht Kurzschlüsse

Menschen, die uns wahnsinnig machen, sehen die Welt oft mit anderen Augen. Diese andere Sichtweise oder auch Eigenschaften, die wir anfangs noch liebenswert finden, werden irgendwann unerträglich. Als mein introvertierter Mann Bill und ich anfingen, miteinander auszugehen, habe ich sein ruhiges, besonnenes Auftreten geliebt. Ein Jahr später dann habe ich mich über seine langen Pausen aufgeregt und gedacht: *Warum gibt er mir denn keine Antwort, wenn ich ihn etwas frage?* Tatsächlich reagierte er auf dieselbe ruhige Art wie eh und je, nur dass unsere Flitterwochen vorüber waren und ich weniger tolerant ihm gegenüber war. Heute, mehr als vierzig Jahre später, kommen seine Antworten immer noch verzögert, doch glücklicherweise haben mir meine Erkenntnisse über das Verhalten Introvertierter und Extrovertierter geholfen, seine langen Pausen in einem anderen Licht zu sehen. Inzwischen kann ich sein Bedürfnis nachzudenken, bevor er den Mund aufmacht, akzeptieren.

Doch nicht nur die unterschiedlichen Sprechgeschwindigkeiten von Introvertierten und Extrovertierten können schnell zu Konflikten führen. Auch andere natürliche Persönlichkeitsunterschiede stellen eine große Herausforderung dar.

Herausforderung Nr. 1: Einsamkeit vs. Geselligkeit

Introvertierte müssen und wollen für sich sein. Sie bevorzugen ruhige, private Räume und arbeiten an Projekten am liebsten alleine, zu zweit oder in kleinen Gruppen. Extrovertierte können das nicht nachvollziehen und haben oft das Bedürfnis, in diese Einsamkeit einzudringen. Mein Mann Bill, bekannt für seinen eigenwilligen Humor, hat ein großes „Bitte-nicht-stören"-Schild an der Tür hängen, als wäre er noch ein Teenager! Doch Extrovertierte brauchen einen solchen Wink mit dem Zaunpfahl, um zu verstehen, dass es Introvertierten tatsächlich ernst ist, wenn sie sagen, sie möchten alleine sein.

Der Autor Jonathan Rauch erklärt: „Extrovertierte gehen davon aus, dass anderen Menschen Gesellschaft – insbesondere ihre eigene – stets willkommen ist. … Ich habe schon oft versucht, extrovertierten Menschen mein Problem zu erklären, befürchte aber, nicht einer hat es verstanden. Sie hören kurz zu und plappern dann einfach fröhlich weiter."[4]

Extrovertierte hingegen leben regelrecht auf, wenn sie unter Menschen sind. Sie lieben es, neue Leute kennenzulernen, und packen ihre Tage so voll wie möglich. Je aktiver sie sind, umso besser fühlen sie sich. Wenn Steve Cohn, ein extrovertierter Fortbildungsexperte, unterwegs ist, isst er abends am liebsten mit Kollegen und hört dabei „sechzehn Gesprächen gleichzeitig" zu. Eine introvertierte Mitarbeiterin erklärte ihm einmal, nach einem langen Tag im Klassenzimmer sei ihre Energie aufgebraucht und sie müsse sich erholen. Dann ging sie auf ihr Zimmer. Der Abend war gelaufen. Zuerst reagierte Cohn sauer, doch nachdem er noch einmal darüber nachgedacht hatte, meinte er: „Genau das bringe ich den Leuten ja bei [Kommunikationsfähigkeiten]. Ich kann sie verstehen."

Andere Kollegen, die diese unterschiedlichen Bedürfnisse nicht nachvollziehen können, sind vielleicht nicht ganz so verständnisvoll und nehmen es einem Teammitglied übel, wenn es sich nicht an den abendlichen Vergnügungen beteiligen möchte. Der Wunsch nach Einsamkeit beziehungsweise Geselligkeit, kann auch in der Interaktion mit Kunden schwierig werden. Für Introvertierte ist es eine Herausforderung, wenn sie in Meetings geschickt werden und Kontakte zu Fremden knüpfen sollen. Extrovertierte hingegen sind frustriert, wenn sich Klienten oder Kunden als unkommunikativ erweisen oder gleich zur Sache kommen wollen und ihnen keine Zeit für vertrauensbildenden Small Talk bleibt.

Herausforderung Nr. 2: Durchdenken vs. Aussprechen

Introvertierte brauchen Raum und Zeit, um ihre Gedanken zu ordnen. Selbst in alltäglichen Gesprächen wägen sie die Kommentare anderer sorgfältig ab. Bevor Introvertierte antworten, halten sie erst einmal inne und denken nach. Sie wissen, wie sie die Pausen, in denen sich das Gesagte setzt, für sich nutzen können. Extrovertierte werden aber schnell ungeduldig, während sie darauf warten, dass der Introvertierte seine Überlegungen zu Ende bringt. Zudem regt es sie auf, ihrem Gegenüber die Meinung aus der Nase ziehen zu müssen, insbesondere wenn wichtige Entscheidungen anstehen. Während der introvertierte Partner noch verschiedene Möglichkeiten abwägt, ist der extrovertierte in der Regel längst bereit, weiterzumachen.

Fangen Extrovertierte an zu reden, sind ihre Ideen oft noch unausgegoren, da sie Gedankengänge laut formulieren. Den laufenden Kommentaren Extrovertierter zu folgen, finden Introvertierte ermüdend und verwirrend. Häufig glauben sie, ihr extrovertierter Gesprächspartner ändere seine Meinung, obwohl dieser lediglich einen neuen Gedanken ausarbeitet. Bei Extrovertierten keimen neue Ideen während des Sprechens auf. Die Autorin und Firmenberaterin Emily Axelrod bringt es auf den Punkt: „Dick [ihr Mann und Geschäftspartner] hat es immer genervt, wenn ich laut dachte. Einmal bin ich zu ihm gelaufen und habe vorgeschlagen: ‚Gehen wir doch ins Kino. Wir könnten uns das, das, das oder das anschauen!' Als er nur dastand und mich stumm anstarrte, wurde mir plötzlich einiges klar: Jedes Mal, wenn ich ihm aufzählte, was wir alles tun könnten, frustrierte ihn das, weil er dachte, dass wir auch alles tun müssten!"

Herausforderung Nr. 3: Zurückhaltung vs. Offenheit

Introvertierte halten sich mit persönlichen Dingen sehr zurück. Sie teilen sich nur wenigen, ausgesuchten Menschen mit, und das auch erst dann, wenn sie diese sehr gut kennen und sich in ihrer Gegenwart wohlfühlen. Extrovertierte suchen den Kontakt und werden mit ihren Mitmenschen schneller warm. Wenn Extrovertierte Introvertierten zum ersten Mal begegnen, nehmen sie diese häufig als reserviert, unnahbar oder gar feindselig wahr, insbesondere wenn sie sich ihnen nicht schnell genug öffnen. Introvertierte hingegen empfinden die vielen Fragen und die überschwängliche Freundlichkeit als aufdringlich.

Dass Extrovertierte immerzu und mit jedem reden müssen, erstaunt Introvertierte. Die Autorin Devora Zack, die als Coach für Führungskräfte arbeitet, erzählt ihren introvertierten Kursteilnehmern gerne, dass Extrovertierte behaupten, sie könnten mit jedem über alles reden. Schon oft konnte sie beobachten, wie die Introvertierten sie daraufhin, „mit offenem Mund anstarrten, als hätten sie gerade ein UFO gesehen"[5].

Zusammenfassung: Finden Sie die richtige Verkabelung

Das neue Arbeitsmodell der Zusammenarbeit macht es erforderlich, zu begreifen, dass extrovertierte und introvertierte Menschen unterschiedlich gepolt sind. Versäumen wir es, die unterschiedlich gepolten Kabel richtig miteinander zu verbinden, kann das unserer Produktivität, unserer Zufriedenheit und letztendlich auch unseren Kunden ernsthaft schaden.

Jede natürliche Neigung kann zu Uneinigkeiten führen: ob Sie nun die Geselligkeit lieben oder die Einsamkeit, die Dinge leise durchdenken oder laut aussprechen, zurückhaltend sind oder offen. Doch obwohl ungleiche Paare im Stil stark voneinander abweichen und hart an ihrer „Verkabelung" arbeiten müssen, verdanken sie ihre Genialität gerade diesen Unterschieden, und die Resultate ihrer Zusammenarbeit erwecken am Ende oft den Eindruck, einem Kopf entsprungen zu sein.

2. Der Test: Wie mischt man Öl mit Wasser? – In fünf Schritten zur Genialität der Gegensätze

Haben Sie sich zum Ziel gesetzt, mit Ihrem gegensätzlichen Partner herausragende Resultate zu liefern? Dann müssen Sie mit den Veränderungen bei sich selbst anfangen – so groß die Versuchung, zuerst Ihren Partner zu ändern, auch sein mag. Machen Sie eine Bestandsaufnahme, und denken Sie darüber nach, welcher Dynamik Ihre Partnerschaft folgt. Was funktioniert gut? Wo gibt es Ihrer Ansicht nach Verbesserungsbedarf? Idealerweise ist Ihr Partner genauso motiviert, ein geniales Leistungsniveau zu erreichen, wie Sie und ebenfalls bereit, die aktuelle Situation ehrlich einzuschätzen.

Eine gute Methode, Ihre Partnerschaft objektiv zu bewerten und sich so einem höheren Leistungsniveau anzunähern, ist der nachfolgende Test. Er hilft Ihnen einzuschätzen, wie gut Sie mit Ihrem Partner bereits interagieren und dabei die fünf Schritte umsetzen, die in Kapitel 1 des Buchs besprochen wurden.

Machen Sie den Selbsttest!

Beurteilen Sie anhand des nachfolgenden Tests Ihre Fortschritte, während Sie die Ideen in diesem Buch umsetzen. Basierend auf den Unterscheidungsmerkmalen introvertierter und extrovertierter Menschen zeigt er Ihnen, welche Eigenschaften Sie mit hocheffizienten gegensätzlichen Partnern teilen.

So gehen Sie vor

Sind Sie ein introvertierter Mensch, dann stellen Sie sich beim Beantworten der Testfragen die Zusammenarbeit mit einem extrovertierten Kollegen vor. Sind Sie extrovertiert, stellen Sie sich vor, mit einem introvertierten Kollegen zu arbeiten. Und sind Sie sich nicht sicher, welcher Seite Sie angehören, oder sehen sich irgendwo dazwischen, dann lesen Sie am besten noch einmal Kapitel 1. Dort finden Sie hilfreiche Anhaltspunkte zur Selbsteinschätzung.

Beurteilen Sie dann auf einer Skala von 1 (nie) bis 5 (fast immer), wie häufig Sie das angegebene Verhalten zeigen.

Bewertungsrichtlinien

Spontane Antworten sind in der Regel die zutreffendsten. Sie sollten Ihre erste Reaktion daher nicht hinterfragen und auch nicht zu kritisch oder unkritisch mit sich selbst sein. Wie würden Sie als außenstehender, objektiver Tester auf einer Skala von 1 bis 5 Ihr Verhalten in Bezug auf die fünf wesentlichen Schritte zur Genialität der Gegensätze beurteilen?

Den anderen akzeptieren					
1. Ich verstehe die nonverbalen Signale meines Partners.	1 nie	2 selten	3 manchmal	4 häufig	5 fast immer
2. Ich zeige mich gegenüber der anderen Herangehensweise meines Partners geduldig.	1 nie	2 selten	3 manchmal	4 häufig	5 fast immer
3. Wir tauschen uns regelmäßig aus und halten uns auf dem Laufenden.	1 nie	2 selten	3 manchmal	4 häufig	5 fast immer
4. Wir haben einen eigenen Kommunikationscode entwickelt.	1 nie	2 selten	3 manchmal	4 häufig	5 fast immer
5. Ich habe akzeptiert, dass ich meinen Partner nicht ändern kann.	1 nie	2 selten	3 manchmal	4 häufig	5 fast immer
Auseinandersetzungen suchen					
6. Ich widerspreche den Ansichten meines Partners regelmäßig.	1 nie	2 selten	3 manchmal	4 häufig	5 fast immer
7. In einer Auseinandersetzung berücksichtige ich das Energiepotential meines Partners.	1 nie	2 selten	3 manchmal	4 häufig	5 fast immer
8. Wir gönnen uns die nötigen Auszeiten, um uns zu erholen.	1 nie	2 selten	3 manchmal	4 häufig	5 fast immer

9. Wir verlieren unsere gemeinsamen Ziele nicht aus den Augen.	1 nie	2 selten	3 manchmal	4 häufig	5 fast immer
10. Um aus einer Sackgasse zu kommen, sind wir bereit, Dritte ins Boot zu holen.	1 nie	2 selten	3 manchmal	4 häufig	5 fast immer
Die Rollen richtig besetzen					
11. Vor Terminen besprechen wir, wer welche Aufgabe übernimmt.	1 nie	2 selten	3 manchmal	4 häufig	5 fast immer
12. Wir teilen uns die Anerkennung, die wir für Projekte erhalten.	1 nie	2 selten	3 manchmal	4 häufig	5 fast immer
13. Wenn nötig, mache ich mich für meinen Partner stark.	1 nie	2 selten	3 manchmal	4 häufig	5 fast immer
14. Gelegentlich brechen wir aus der gewohnten Rollenverteilung aus.	1 nie	2 selten	3 manchmal	4 häufig	5 fast immer
15. Wir geben uns regelmäßig Feedback.	1 nie	2 selten	3 manchmal	4 häufig	5 fast immer
Abneigungen überwinden					
16. Ich pflege mit meinem Partner einen freundschaftlichen Umgang.	1 nie	2 selten	3 manchmal	4 häufig	5 fast immer
17. Unser Bedürfnis nach Informationsaustausch und Privatsphäre ist ausgeglichen.	1 nie	2 selten	3 manchmal	4 häufig	5 fast immer
18. Wir können entspannt miteinander lachen.	1 nie	2 selten	3 manchmal	4 häufig	5 fast immer
19. Wir lassen uns von denselben Werten leiten.	1 nie	2 selten	3 manchmal	4 häufig	5 fast immer
20. Kurzzeitige Freundschaften zu gegensätzlichen Menschen sehe ich als Chance, etwas zu lernen.	1 nie	2 selten	3 manchmal	4 häufig	5 fast immer

Keiner kann alles					
21. Wir wissen, dass unsere Kunden von unseren zahlreichen und abweichenden Ansichten profitieren.	1 nie	2 selten	3 manchmal	4 häufig	5 fast immer
22. Wir informieren uns, was für unsere Kunden akzeptabel ist und was nicht.	1 nie	2 selten	3 manchmal	4 häufig	5 fast immer
23. Bevor wir uns mit Kunden treffen, sind wir uns über unsere Ideen und Positionen im Klaren.	1 nie	2 selten	3 manchmal	4 häufig	5 fast immer
24. Ich und mein Partner leben unseren Kunden Offenheit vor.	1 nie	2 selten	3 manchmal	4 häufig	5 fast immer
25. Wir bemühen uns, die introvertierte oder extrovertierte Energie unserer Kunden zu erkennen.	1 nie	2 selten	3 manchmal	4 häufig	5 fast immer

So werten Sie den Test aus

Den größten Nutzen ziehen Sie aus dem *Geniale-Gegensätze*-Test, indem Sie wie folgt vorgehen:

1. Nehmen Sie ein Blatt Papier oder eine Notiz-App zur Hand.
2. Addieren Sie die angekreuzten Zahlen zu Ihrem Endergebnis.
3. Lesen Sie in untenstehender Tabelle Ihre Auswertung, und überlegen Sie, wie Sie mithilfe der gegebenen Anregungen Ihre individuelle Zusammenarbeit verbessern können.
4. Benutzen Sie das Testergebnis, um effektiv vorzugehen. Sehen Sie es als Ausgangspunkt. So können Sie sich auf die Schritte konzentrieren, die für Sie persönlich relevant sind, und sich während des Lesens die passenden Lösungen herauspicken.
5. Ermutigen Sie Ihren Partner, den Test ebenfalls durchzuführen, und besprechen Sie Ihre Ergebnisse. Unterscheiden sich die Endergebnisse? Wie sieht es in den einzelnen Kategorien aus? Gibt es Fragen, die Sie völlig unterschiedlich beantwortet haben?
6. Entscheiden Sie sich für einen Bereich, an dem Sie einzeln oder gemeinsam arbeiten wollen. Dieser Dialog ist ausschlaggebend für herausragende Resultate.

Gesamtpunktzahl	Bewertung und Anregungen
113–125	**Sehr gut** Sie nutzen bereits viele der Stärken hocheffizienter gegensätzlicher Partner. Überlegen Sie, wie Sie mittels dieser Stärken das Leistungsniveau Ihrer Partnerschaft noch steigern oder auch andere Partnerschaften verbessern können.
100–112	**Solide** Es gelingt Ihnen schon recht gut, Ihre gegensätzlichen Stärken genial zu nutzen. Einige Bereiche erfordern jedoch noch mehr Aufmerksamkeit. Stellen Sie fest, wann genau Ihre Zusammenarbeit erfolglos bleibt. Finden Sie heraus, ob es in erfolgreichen und weniger erfolgreichen Situationen Unterschiede in der Anwendung der fünf Schritte gibt.
75–99	**Moderat** Es gibt an Ihrem Verhalten noch einiges zu verbessern, bevor Sie die Genialität der Gegensätze erreichen. Nehmen Sie sich eine Situation an Ihrem Arbeitsplatz vor, in der Sie nicht effektiv zusammenarbeiten, und überlegen Sie, welche zusätzlichen Schritte Sie noch unternehmen können. Diskutieren Sie mögliche Lösungen mit Ihrem Partner, und probieren Sie diese aus.
74 und weniger	**Stark verbesserungsfähig** Um das Genialitätspotential Ihrer gegensätzlichen Partnerschaft voll ausschöpfen zu können, müssen Sie noch hart an sich arbeiten. Beginnen Sie damit, Ihr eigenes Verhalten genau unter die Lupe zu nehmen, und bitten Sie Ihren Partner und andere um ein ehrliches Feedback und Verbesserungsvorschläge. Arbeiten Sie zunächst an einem bestimmten Schritt, den Sie weiterentwickeln möchten, und setzen Sie sich ein Ziel für die Woche. Besprechen Sie die geplanten Änderungen mit Ihrem Partner.

Die fünf Schritte zur Genialität der Gegensätze

Nun, da Sie schon eine Vorstellung haben, welche Bereiche Sie hervorragend meistern und wo noch Verbesserungsbedarf besteht, können Sie sich mit den hier noch einmal zusammengefassten Schritten im Hinterkopf durch das Buch arbeiten. In den nächsten fünf Kapiteln wird jeder dieser Schritte genau untersucht werden. Achten Sie insbesondere auf die Lösungen am Kapitelende und auf Ideen, die Sie mit Ihrem Partner direkt umsetzen können.

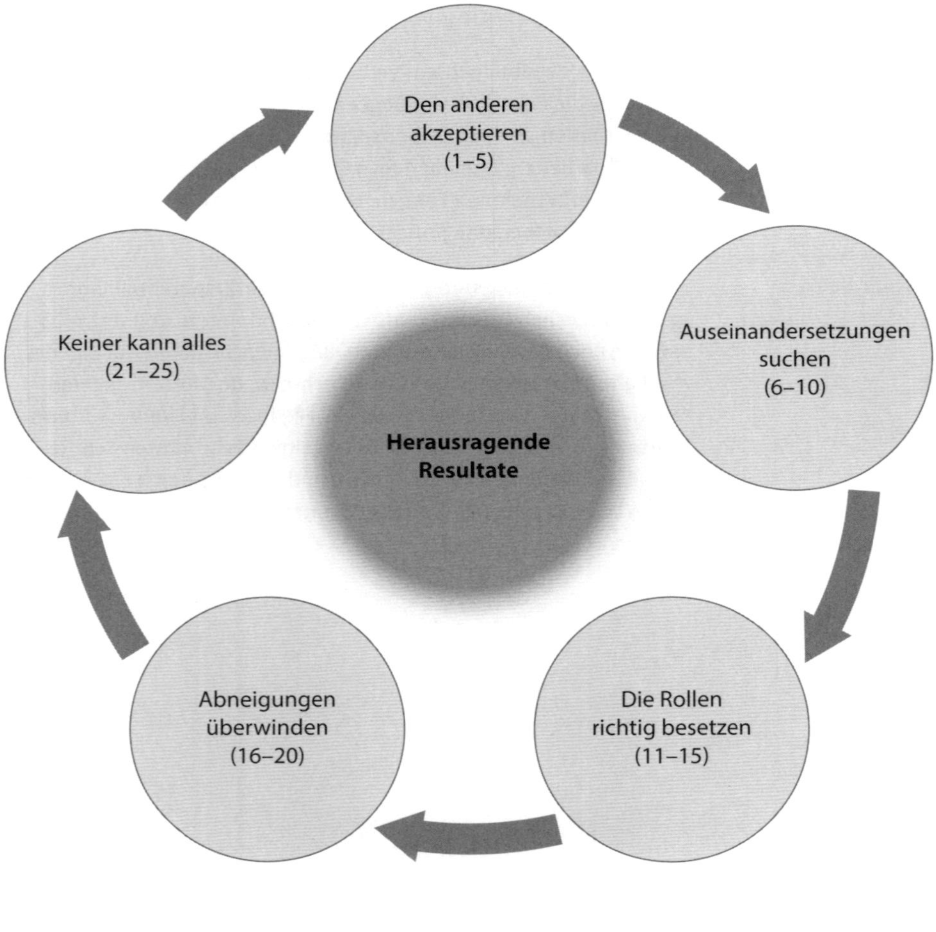

Abbildung 2.1: Die fünf Schritte zur Genialität der Gegensätze auf einen Blick

Potentielle Ansätze zur genialen Zusammenarbeit gegensätzlicher Partner

1. **Den anderen akzeptieren:** Sie können Ihren gegensätzlichen Partner nicht ändern, aber Sie können ihn verstehen. Sobald Sie diese Tatsache akzeptieren, haben Sie sehr viel weniger Stress.
2. **Auseinandersetzungen suchen:** Sehen Sie Meinungsverschiedenheiten als eine notwendige Voraussetzung für bessere Ergebnisse. Indem Sie sich gegenseitig herausfordern, kommen Sie gemeinsam zu besseren Lösungen.
3. **Die Rollen richtig besetzen:** Machen Sie sich klar, wer in welchen Situationen der Bessere ist, und besetzen Sie die Rollen entsprechend. So setzen Sie Ihre Unterschiede bestmöglich ein. Partner teilen den Erfolg, unabhängig davon, wer welche Rolle spielt.
4. **Abneigungen überwinden:** Wenn Sie einander respektieren und einen freundschaftlichen Umgang pflegen, können Sie offen miteinander reden und haben Freude an Ihrer Arbeit.
5. **Keiner kann alles:** Machen Sie sich klar, dass keiner von Ihnen alles kann. Nur indem Sie am selben Strang ziehen, können Sie echte Vielfältigkeit erreichen und anderen damit die größtmögliche Anzahl an Optionen bieten.

Zusammenfassung: Nutzen Sie Ihr Testergebnis, um die nächsten Schritte einzuleiten

Um mit Ihrem Partner herausragende Resultate erzielen zu können, müssen Sie zunächst anhand des *Geniale-Gegensätze*-Tests sich selbst und Ihre Partnerschaft objektiv beurteilen. Sehen Sie sich die Auswertung Ihrer Ergebnisse genau an, und legen Sie fest, was Sie ausbauen können und was Sie ändern möchten. Behalten Sie, während Sie das Buch auf der Suche nach Lösungen durcharbeiten, diese Vorsätze stets im Hinterkopf. Ermutigen Sie Ihren Partner, den Test ebenfalls durchzuführen, und benutzen Sie Ihre Ergebnisse als Grundlage für Diskussionen. Besprechen Sie die fünf Schritte zur Genialität der Gegensätze, gehen Sie die Lösungsvorschläge am Ende von Kapitel 3 bis 7 noch einmal durch, und entscheiden Sie, welche Änderungen Sie sofort in Angriff nehmen wollen, um herausragende Resultate zu erzielen.

Teil II

Die Schritte

3. Den anderen akzeptieren

„Sie müssen akzeptieren, dass Ihr Partner eine Nervensäge ist, genau wie Sie selbst, und Sie beide daher wie füreinander geschaffen sind. Akzeptieren Sie, dass die Eigenschaften Ihres Partners, die Sie oft fuchsteufelswild machen, im Grunde dieselben sind wie die, die Sie an ihm begeistern. Nur macht das, was Sie an Ihrem Partner am meisten lieben, Sie an schlechten Tagen eben verrückt."[6]

(Joshua Wolf Shenk, Autor von *Power of Two*)

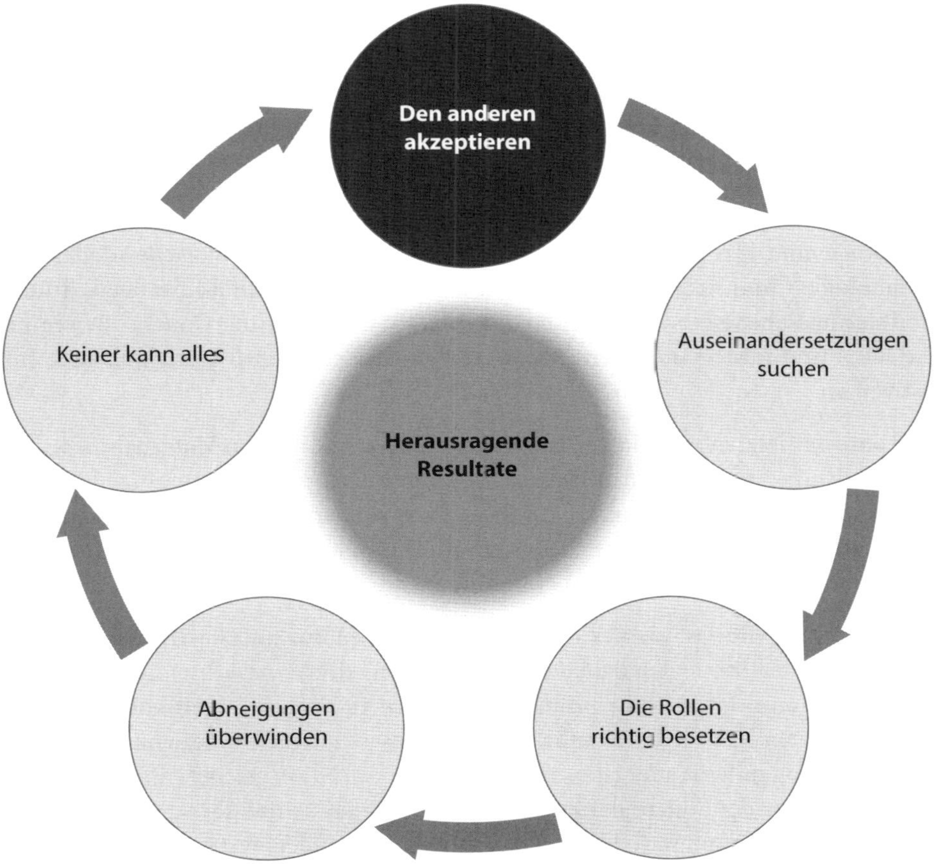

Den anderen akzeptieren: Ändern können Sie Ihren gegensätzlichen Partner nicht, aber Sie können ihn verstehen. Sobald Sie diese Tatsache akzeptieren, haben Sie sehr viel weniger Stress.

Anthony Morris und Errol la Grange führen in Melbourne, Australien, ein expandierendes Unternehmen für Onlinebildung. In den Köpfen dieser gegensätzlichen Partner explodieren die kreativen Ideen wie Popcorn.

Anthony ist ein besonnener und sanftmütiger Introvertierter. Auf meine Fragen zu ihrer Zusammenarbeit schickte er mir Antworten, die bis ins Letzte durchdacht waren. Errol hingegen ist ein Extrovertierter, stets mit einem Lächeln im Gesicht. Von ihm sind täglich neue Postings auf Facebook zu finden, die ihn mit Leuten auf der ganzen Welt zeigen. Er genießt es, Cafés zu besuchen und sich mit so gut wie jedem zu unterhalten. Als ich die beiden zum ersten Mal traf, war mir auf den ersten Blick klar, wie gut sich diese so unterschiedlichen Menschen ergänzen. Anthony trug seine, wie er sie nannte, „guten, alten braunen Latschen", die er sich im Schuhgeschäft um die Ecke gekauft hatte. Errol machte mit türkisfarbenen Cowboystiefeln aus San Francisco auf sich aufmerksam – ein guter Aufhänger für unser Gespräch.

Mit ihren innovativen Konzepten sorgen diese erfolgreichen Partner für das stetige Wachstum ihres globalen Unternehmens. Sie nutzen die Vorteile modernster Technologien und liefern ihren Kunden die besten E-Learning-Lösungen. Zudem sind sie angesehene Persönlichkeiten der „Massiv-Open-Online-Course"-Bewegung (MOOC) und führen in diesem neuen und expandierenden Bereich weltweite Initiativen an.

Im Laufe der letzten zehn Jahre haben die beiden nicht nur ein Unternehmen, sondern auch eine Freundschaft aufgebaut. Sie empfinden großen gegenseitigen Respekt und tiefe Zuneigung füreinander. Anthony muss seinem Partner nur zulächeln, und schon unterbricht Errol seinen Redeschwall und gibt ihm Raum, seine Gedanken einzubringen.

Errol berichtet, wie das Ausdiskutieren von Konflikten ihre gute Partnerschaft stärkt. „Zu bestimmten Strategien haben wir oft unterschiedliche Ansichten. Wir sprechen das Ganze dann durch und kommen gemeinsam zu noch besseren Lösungen. Wir wissen, dass im Kern jedes Konflikts der Schlüssel zu neuen Möglichkeiten steckt. Unser Umgang miteinander ist in vielem auch von Intuition geleitet." Errol sagt: „Oft spüren wir, was der andere denkt." Es kommt vor, dass einer der beiden einer Idee nur deshalb zustimmt, weil der andere von dieser besonders fest überzeugt ist.

Sie haben Meinungsverschiedenheiten, doch zweifeln sie nie daran, dass sie ihre Spannungen und zwangsläufigen Enttäuschungen überwinden werden. Sie akzeptieren den jeweils anderen, und das hilft ihnen, jede Aufgabe zu bewältigen.

Warum es wichtig ist, den anderen zu akzeptieren

Kommunikation ist ein furchtbar bedeutungsschwangeres Wort. Dabei ist die Definition im Wörterbuch denkbar einfach: Kommunikation ist der Austausch von Informationen zwischen zwei Menschen. Wir alle wissen jedoch, Informationsaustausch kann zu Missverständnissen, Spannungen und Verdruss führen. Kommt es in der Zusammenarbeit von Introvertierten mit Extrovertierten zu Konflikten, bedeutet das in der Regel, dass der Austausch nicht funktioniert. Vielleicht ist Ihnen der Mensch, der Ihnen da am Tisch gegenübersitzt und merkwürdige Interpretationen eines Kundengesprächs von sich gibt, ja manchmal so fremd wie etwas, das gerade aus einem Raumschiff gekrochen kommt. Sollte das der Fall sein, müssen Sie den Reflex, zu fliehen oder zur Waffe zu greifen, unbedingt unterdrücken. Zur Belohnung winkt die Genialität.

Introvertierte und Extrovertierte kommentieren diese zwangsläufig auftretenden Situationen oft mit den Worten: „Aus ihm/ihr ist einfach nicht schlau zu werden." Sie gehen ihrem Partner dann aus dem Weg, was diesen verletzt oder verwirrt und ebenfalls auf Distanz gehen lässt. Aus einer solchen Sackgasse wieder herauszukommen, ist nicht einfach.

Erfolgreiche Intro-extro-Partner entscheiden sich bewusst, den anderen zu akzeptieren, und lassen sich durch ihre unterschiedliche Art, zu kommunizieren, auf ihrem Weg zum gemeinsamen Ziel – ein großartiges Produkt herzustellen, einen Durchbruch zu erzielen oder den bestmöglichen Service zu bieten – nicht aufhalten.

Es gibt zwei gute Gründe, weshalb es so wichtig ist, den anderen zu akzeptieren: Erstens erzeugt es Empathie und zweitens stärkt es die Partnerschaft.

Akzeptanz erzeugt bei beiden Partnern Empathie

Vielleicht haben Sie schon einmal an einer dieser Übungen teilgenommen, mit denen das Verständnis für Sehbehinderte geweckt werden soll. Ich erinnere mich, wie mein Partner John mich mit verbundenen Augen über einen Steg aus Holzplanken führte und ich mich bei jedem Schritt voll auf ihn verlassen musste. Ich hatte Angst, ohne ihn zu stolpern und zu fallen. Zudem bemerkte ich, wie sich all meine anderen

Sinne – Geruchssinn, Gehör und Tastsinn – ebenfalls einschalteten, um mich zu leiten.

Diese Erfahrung vermittelte mir eine vage Vorstellung, wie es sein muss, blind zu sein. Außerdem erkannte ich, dass ich in der Lage war, auch andere Bereiche meines Gehirns zu nutzen, wenngleich ich natürlich nie dieselbe Wahrnehmung wie ein tatsächlich Blinder haben würde.

Dasselbe gilt für Intro-extro-Beziehungen. Arbeiten wir mit einem gegensätzlichen Partner zusammen, haben wir die große Chance, von dessen anderer Wahrnehmung zu profitieren – auch wenn wir nicht immer ganz verstehen, wie er die Dinge erlebt. Indem wir uns in seine Welt hineinversetzen, wecken wir jedoch ungenutzte Fähigkeiten in uns selbst, mit denen wir unsere Leistungen verbessern können. Und plötzlich erscheint uns der andere auch gar nicht mehr so fremd.

Die Partnerschaft wird gestärkt

Im Verlauf einer engen Zusammenarbeit können gegensätzliche Partner zu einer starken Einheit werden. Gemeinsame Erfolge und Misserfolge schweißen zusammen. Das stärkt nicht nur den Einzelnen, sondern es entwickeln sich exponentielle Kräfte, die den Partnern helfen, sich zukünftigen Herausforderungen und Chancen zu stellen.

Kämpfen wir gemeinsam mit schwierigen Entscheidungen oder Problemen, lernen wir dabei nicht nur, wie wir als Team besser vorankommen, sondern wir entwickeln gleich mehrere kreative Lösungsansätze.

In der Unterhaltungsbranche sind Zurückweisungen und Enttäuschungen das tägliche Brot. Stephen Sondheim erklärte zu seiner Zusammenarbeit mit James Goldman im 1971 uraufgeführten Musical *Follies*: „Der große Vorteil eines Mitarbeiters ist, dass man nie alleine die ganze Breitseite abkriegt. Es gibt immer einen Mitschuldigen.“[7]

Eine funktionierende Kommunikation macht die gute Zusammenarbeit mit Ihrem Partner – zu der jeder sein Bestes beisteuern kann – erst möglich. Anthony, von dem weiter oben schon einmal die Rede war, war früher Musiker. Seine Freundschaft mit Errol sieht er als eine Art Harmonie, als ein Arrangement aus unterschiedlichen Tönen, die gemeinsam etwas erschaffen, wozu gleiche Töne nicht fähig wären. „Gleiche Töne erzeugen einen Einklang, keine Harmonie.“

Ein weiteres kreatives Paar, der Komponist John Williams und der Regisseur Steven Spielberg, hat vier Jahrzehnte lang zusammen an preisgekrönten Filmen wie *E. T.*

und *Der Soldat James Ryan* gearbeitet. Ein Interview aus dem Jahr 2011 zeigt, wie wohl sich die beiden miteinander fühlen. Während die beiden ihre gemeinsame Arbeit beschreiben, fließt das Gespräch leicht dahin.[8]

Williams scheint der introvertiertere der beiden zu sein. Er äußert sich nur verhalten, während der extrovertierte Spielberg deutlich mehr Sendezeit in Anspruch nimmt. Beide betonen: Je länger man zusammenarbeitet, umso einfacher wird es. Spielberg erklärt: „Je besser ich selbst werde, umso besser weiß ich auch ihn einzusetzen." Wie Errol und Anthony beschreibt John Williams eine Dynamik in ihrer Partnerschaft, die durch Freude an der Arbeit entsteht. Er erkennt an Spielbergs Gesichtsausdruck, ob dieser etwas „kapiert hat" oder nicht. „Aber egal, ob ich es kapiert habe oder nicht, Spaß haben wir in jedem Fall", fügt Spielberg noch hinzu.

Wie Williams und Spielberg lernen Partner aus allen Bereichen mit der Zeit, sich nicht über den anderen aufzuregen, sondern stattdessen seine nonverbalen Signale zu lesen. Diese Signale funktionieren wie Codewörter, die den Partnern Zugang zur Sichtweise des anderen gewähren und ihnen einen problemlosen Perspektivenwechsel ermöglichen.

Woran das Akzeptieren des anderen scheitern kann

Nicht erkennen, dass die Stärken des einen die Schwächen des anderen sind

Wenn Sie im Arbeitsprozess nicht immer mal wieder innehalten und Ihre Persönlichkeitsunterschiede mit einbeziehen, kann es leicht zu Problemen kommen. Jessie Kahnweiler, meine jüngste Tochter, ist Filmemacherin in L. A. und hatte in ihren Filmcrews schon oft Gelegenheit, mit introvertierten Profis zu arbeiten. Einmal heuerte sie für eine komplizierte Videoaufnahme Liam an, einen erfahrenen und renommierten Kameramann. Während die beiden die Einstellungen besprachen, sprudelten die Ideen aus der extrovertierten Jessie nur so hervor. Ihr Enthusiasmus war kaum zu bremsen. Doch sie spürte, dass Liam ihre Begeisterung nicht in dem Maße teilte, wie sie es sich erhofft hatte. Jessie schickte ihm immer wieder Textnachrichten mit Ideen für Drehorte, aber er reagierter nur kurz angebunden.

Am Tag der Dreharbeiten tauchte Liam dann mit einem großen Notizbuch auf, in dem präzise durchdachte Einstellungen notiert waren, die auch viele der Ideen, die Jessie ihm geschickt hatte, berücksichtigten. Sie erkannte, dass Liam ihr die ganze Zeit über zugehört hatte und voll bei der Sache war – nur eben auf seine ruhige zurückhaltende Art. Tatsächlich war er von dem Projekt sehr angetan und ging ganz darin auf, nur dass er die Sache auf seine nach innen gerichtete, methodische Art angegangen war. „Liams Stärken sind meine Schwächen", ließ Jessie mich wissen. „Er ist ein sorgfältiger Planer und brauchte Zeit, um die Dinge in seinem Kopf zu ordnen. Und genau das war auch nötig. Ich glaube, Introvertierte sind so selbstsicher, weil sie sich ganz auf ihren Verstand verlassen. Sie verbringen sehr viel Zeit alleine und denken die Dinge durch. Er wird sich nicht ändern und ich auch nicht. Aber eine von meiner Sorte genügt ja auch!"

Es passiert immer wieder: Selbst die tolerantesten Partner verlieren ab und an die Geduld. Aber woran liegt das? Meist am Stress.

Stress kann durchaus positiv sein. Er gibt uns Energie und treibt uns an. Doch oft reagieren wir auf Stress auf eine Art und Weise, die für unsere Partnerschaft und damit letztendlich für uns selbst unproduktiv ist. Hier ein paar Beispiele, wie Stress das Bestreben eines Intro-extro-Paares, den anderen zu akzeptieren, untergraben kann.

Introvertierte verschließen sich, Extrovertierte reden mehr

Haben wir Stress, kommt es oft zu einer Übersteuerung unserer charakterlichen Eigenheiten. Introvertierte verschließen sich vollständig und Extrovertierte reden noch mehr. Es entstehen Spannungen. Der Introvertierte denkt vielleicht: *Hört die denn nie auf zu reden?* Während die extrovertierte Kollegin sich fragt: *Was geht eigentlich in seinem Kopf vor?*

Die australischen Geschäftspartner Errol und Anthony hatten einen ihrer wenigen ernsten Streite, als Errol seinen Partner bat, einem Design, an dem Anthony mit seinem Team schon seit geraumer Zeit arbeitete, noch eine weitere Farbe hinzuzufügen. Der introvertierte Anthony zog sich zurück und redete nicht mehr mit Errol. „Ich war ziemlich sauer deswegen. Den Rest des Tags sprachen wir kein Wort mehr miteinander." Später konnten die beiden klären, dass Errol die Farbe nur gerne zusätzlich gehabt hätte und sich kein komplett anderes Design wünschte. Sie sprachen wieder miteinander, und alles war gut. Sind gegensätzliche Partner nicht in der Lage, sich auszusprechen, wird es immer wieder zu solchen Kurzschlusshandlungen kommen und am Ende womöglich zu einem irreparablen Schaden.

Auch Stress von außen kann seine Opfer fordern

Die Wirtschaftskrise 2008 wurde für Han, einen introvertierten koreanischen Consultant, und Mei, seine chinesische Partnerin, zu einen Wendepunkt in ihrem Leben. Die beiden führten gemeinsam eine Risikomanagement- und Consultingfirma und bis zur Wirtschaftskrise lief sowohl ihr Unternehmen als auch ihre Zusammenarbeit sehr gut.

„Mei war die geborene Verkäuferin, machte jedoch Zusagen, die wir eigentlich nicht einhalten konnten. Da Enthusiasmus und gute Kundenbeziehungen aber ihre großen Vorzüge waren, gelang es ihr, meine Bedenken zu zerstreuen. Zumindest so lange, bis unsere Consultingaufträge zurückgingen. Wir konnten nicht halten, was wir den Kunden versprochen hatten, und unser Service kam ins Schleudern. Für mich war das inakzeptabel, aber Mei wollte das Geschäft nicht zurückschrauben. Also trennten wir uns. Ausschlaggebend war definitiv der Stress während der Wirtschaftskrise. Wäre unsere Partnerschaft nicht derart auf die Probe gestellt worden, wären wir sicher noch zusammen."

Han hatte damals gerade ein Haus gebaut und musste Hypothekenzahlungen leisten. Und auch Mei, die ihre Familie alleine ernährte, spürte eine große Last auf ihren Schultern. Hier war es der finanzielle Druck, der unwiderrufliche Auswirkungen auf die Partnerschaft der beiden hatte. In anderen Fällen können es auch Probleme mit Kindern, Ehepartnern, Eltern oder Freunden sein, die den Kommunikationsfluss zwischen den Partnern entscheidend beeinträchtigen.

Stress von außen, wie beispielsweise auch der Umzug einer Abteilung oder ein Wechsel in der Chefetage, kann Ängste zutage fördern und die Toleranzgrenze senken. Als Reaktion darauf kehren Introvertierte sich noch mehr nach innen, während Extrovertierte auf „volle Kraft voraus" schalten. Es kommt häufiger zu Zusammenstößen. In Momenten wie diesen wird eine Partnerschaft ernsthaft auf die Probe gestellt.

Vor ein paar Jahren erzählte mir meine extrovertierte Tochter Lindsey, damals in den Zwanzigern, von ihrer Beziehung zu ihrem introvertierten Freund Adam, der heute ihr Mann ist. „Mom", sagte sie, „wir haben uns noch nie gestritten." Für mich ganz untypisch lächelte ich nur und sagte nicht viel dazu.

Dann zogen sie zusammen in eine kleine Wohnung in Washington D. C. In der ersten Woche rief ich die beiden an, um zu fragen, wie es ihnen ging. „Du wirst es nicht glauben, Mom. Wir haben uns diese Woche schon mehrmals gestritten! Und das über Kleinigkeiten, etwa wo das Sofa stehen soll!"

Nichts fördert unseren Groll besser zutage und senkt unsere Toleranzgrenze deutlicher als Stress von außen – wie beispielsweise ein Umzug oder beengte Wohnverhältnisse.

Lösungen: Konzentrieren Sie sich auf Resultate

Es gibt verschiedene Methoden, wie es Ihnen besser gelingt, den Fokus auf Ihre gemeinsamen Ziele und das Genialitätspotential Ihrer Partnerschaft zu richten.

Erkennen Sie Persönlichkeitsmerkmale

Lernen Sie Ihre eigenen Persönlichkeitsmerkmale und die Ihres Partners besser kennen. Machen Sie einen Persönlichkeitstest oder nehmen Sie an einem Sozialkompetenztraining teil, um sich darüber klar zu werden, was Sie in die Partnerschaft einbringen. Machen Sie sich bewusst, welche Probleme Sie selbst angehen müssen und nicht auf Ihren Partner abwälzen können. Der Durchbruch ist dann geschafft, wenn Sie erkannt haben, dass Ihr Partner Sie nicht verrückt machen will, sondern einfach nur anders gepolt ist. Diese Erkenntnis macht vieles leichter und – das ist das Beste daran – die gegenseitigen Schuldzuweisungen hören auf.

Introvertierte	Extrovertierte
Brauchen Ruhe, um Energie zu tanken	Ziehen ihre Energie aus dem Umgang mit anderen Menschen
Denken über ihre Ideen nach	Sprechen über ihre Ideen
Gehen gedanklich in die Tiefe	Gehen gedanklich in die Breite
Müssen andere sehr gut kennen, bevor sie über private Dinge sprechen	Sprechen bereitwillig mit fast jedem auch über private Dinge
Blühen in Einzelgesprächen auf	Fühlen sich durch größere Gruppen motiviert

Tabelle 3.1: Unterschiede von Introvertierten und Extrovertierten

Lernen Sie die Sprache des anderen

Erst wenn Sie sich selbst und den anderen kennen, können Sie eine Partnerschaft aufbauen. Zu wissen, dass Ihr introvertierter Partner Zeit und Ruhe zum Nachdenken braucht oder Ihr extrovertierter Partner laut denken muss, ist eine wichtige Voraussetzung, um Ihr Verhalten anpassen oder ändern zu können. Zudem werden Sie feststellen, dass es Sie auch persönlich weiterbringt, wenn Sie in der Lage sind, sich in den anderen hineinzuversetzen.

Jeff Holden, einer der ersten Teammitarbeiter des introvertierten Amazon-Geschäftsführers Jeff Bezos, war dafür bekannt, zu reden wie ein „Schnellfeuergewehr". In seinem Buch *Der Allesverkäufer* schreibt Brad Stone: „[Holden] sprach so schnell, dass Bezos des Öfteren scherzend meinte, Holden habe ihm beigebracht, ‚schneller zuzuhören'."[9] Holden, der auch eine private Beziehung zu Bezos pflegte, war ein „vielseitiger Innovator", der entscheidend zum Wachstum von Amazon beitrug. Und indem er Bezos' Kommunikationsfähigkeit verbesserte, ging sein positiver Einfluss sogar weit über die Geschäftsbilanzen von Amazon hinaus.

So wie Bezos feststellen konnte, dass Holden seine Fähigkeit zuzuhören verbessert hatte, werden auch Sie bemerken, dass gegensätzliche Menschen in Ihrem Umfeld Einfluss auf Ihr Verhalten und Ihre Fähigkeiten haben. Vielleicht haben Sie ja ähnliche Erfahrungen gemacht wie die introvertierte Firmenteilhaberin Arlene, die sich zwang, aus ihrem Schneckenhaus herauszukriechen und an einem geschäftlichen Meeting teilzunehmen. Oder wie die extrovertierte Tamika, die von sich sagt: „Ich bin eine Extro, die daran arbeitet, still zu sein. In Besprechungen halte ich den Mund und rede nur, wenn ich auch wirklich etwas zu sagen habe!"

Geben Extrovertierte Introvertierten ausreichend Gelegenheit sich mitzuteilen, öffnen diese sich mit der Zeit. Zeigen Introvertierte gegenüber dem Redeschwall von Extrovertierten etwas Geduld, kann diese Überschwänglichkeit auch ein wenig auf sie selbst abfärben.

Akzeptieren Sie, dass Sie den anderen nicht ändern können

Hier wäre das Gelassenheitsgebet angebracht: „Gott gebe mir die Gelassenheit, Dinge hinzunehmen, die ich nicht ändern kann, den Mut, Dinge zu ändern, die ich ändern kann, und die Weisheit, das eine vom anderen zu unterscheiden." Sie können und sollten andere Menschen nicht ändern. Und dennoch bleibt bei willensstarken Persönlichkeiten oft der sture Wunsch, der andere möge doch etwas schneller denken oder etwas weniger reden. So ironisch das auch klingt, Sie werden feststellen: Je weniger Sie versuchen, die Eigenheiten des anderen zu ändern, umso weniger stören Sie diese. Sobald Sie die falsche Hoffnung aufgeben, den anderen Ihren Wünschen entsprechend zu ändern, können sich alle entspannen, und das Leben wird um vieles leichter. Der folgende Text aus David Kierseys Buch *Versteh mich bitte* bringt es noch einmal auf den Punkt:

> Wenn ich nicht dasselbe will wie du, versuche bitte nicht, mir einzureden, mein Wille sei falsch.
>
> Oder wenn ich etwas anderes glaube als du, halte zumindest kurz inne, bevor du meine Überzeugungen korrigierst.

Oder wenn meine Gefühle unter denselben Umständen weniger stark oder stärker sind als die deinen, verlange bitte nicht von mir, mehr oder weniger zu empfinden.

Oder wenn ich nicht so handle, wie es deinen Vorstellungen entspricht, oder gar nicht handle, dann lass mich einfach.

Ich verlange nicht, dass du mich verstehst – zumindest noch nicht. Denn das kann erst geschehen, wenn du mich nicht mehr zu einer Kopie deiner selbst machen willst.[10]

Reden Sie Klartext

Indem Sie über Ihre Unterschiede reden, legitimieren Sie diese. Auch wenn das für die gesamte Dauer einer Beziehung gilt, ist es gerade am Anfang einer Zusammenarbeit sehr wichtig.

In Singapur fand sich die neue Mitarbeiterin eines Importunternehmens plötzlich in einem Meer von Extrovertierten wieder. Sie wagte einen Präventivschlag und erklärte ihren extrovertierten Teamkollegen, wenn ihre Tür geschlossen sei, bedeute dies lediglich, dass sie Ruhe brauche, und nicht etwa, dass sie verärgert oder genervt sei. Das Geheimnis der geschlossenen Tür war gelüftet, und die Extrovertierten konnten entspannt weiterarbeiten.

Wagen Sie kleine Veränderungen

Probieren Sie als extrovertierter Partner doch einmal aus, was geschieht, wenn Sie das Licht ein wenig dimmen, um Reize von außen zu reduzieren. Oder halten Sie als introvertierter Mensch den Blickkontakt bewusst ein paar Minuten länger als gewöhnlich, um eine intensivere Verbindung herzustellen, und beobachten Sie, wie Ihr Partner reagiert. Sie werden überrascht sein, welch positive Wirkung selbst solche Kleinigkeiten haben können.

Zudem werden Sie feststellen, dass sich nicht nur die Beziehung zu Ihrem Partner verbessert, sondern dieses bewusste Entgegenkommen auch vormals unbekannte Seiten in Ihnen selbst weckt. Sie werden eine größere Auswahl an Methoden entwickeln, die Ihnen in der Zusammenarbeit mit Ihren aktuellen und auch zukünftigen Partnern helfen.

Entwickeln Sie Ihren persönlichen Kommunikationscode

Denken Sie sich einen Code aus, mit dem Sie Gespräche, die Ihnen zu entgleiten drohen, unterbrechen können. Mark House, extrovertiert, und Maureen Blackwell, introvertiert, unterrichten beide an Universitäten und arbeiten gemeinsam als Consultants. Wann immer der Austausch zwischen den beiden nicht richtig funktioniert, sprechen sie sich persönlich oder auch am Telefon direkt darauf an, indem sie sagen: „Wir reden aneinander vorbei."

Einen anderen hilfreichen Satz, den anfangs nur Mark benutzte, hat inzwischen auch Maureen übernommen. Schweift einer der beiden vom Thema ab, sagt er: „Ich nehme mal einen kleinen Umweg", und signalisiert dem anderen damit seine Abschweifung. Der Zuhörer kann dem Redefluss des Sprechers folgen, ohne sich sorgen zu müssen, die noch unausgegorenen Ideen nicht richtig zu begreifen. Beide finden es amüsant, dass bei einem ungezwungenen Ideenaustausch auch Maureen diesen Code benutzt, obwohl er ursprünglich von Mark stammt, der beim Reden naturgemäß gerne improvisiert.

Lassen Sie sich Zeit

Meist lernen Introvertierte und Extrovertierte sehr schnell zu schätzen, was ihr Partner in die Arbeitsbeziehung mit einbringt, und so wird der gegenseitige Respekt mit der Zeit immer größer.

In Kapitel 6, „Abneigungen überwinden", werden Sie lesen, wie die weltweit arbeitenden Consultantpartner Billie Alban und Barbara Bunker zu guten Freunden wurden. In mehr als drei Jahrzehnten der Zusammenarbeit haben sie gelernt, die besonderen Qualitäten des jeweils anderen zu schätzen. Barbara, der Introvertierten der beiden, ist vor Kurzem aufgefallen, dass sie schon seit Jahren keine Bücher mehr mit ins Flugzeug nimmt, da Billie früher auf Flügen immer ununterbrochen auf sie eingeredet hatte, während sie versucht hatte, zu lesen. Als sie mir davon erzählte, war ihre Stimme voller Wärme und Verständnis.

Treffen Sie sich regelmäßig zu Aussprachen

Erfolgreiche Partner halten sich gegenseitig auf dem Laufenden und geben sich regelmäßig ehrliches Feedback. Sie lassen Probleme nicht schwelen, sondern sprechen sie sofort an. Ein Beispiel: Eine introvertierte Führungskraft erscheint nur selten im Büro, der extrovertierte Stellvertreter weiß jedoch, dass er seinen Chef jederzeit, auch spät nachts, erreichen kann und per E-Mail eine schnelle Antwort bekommt. Wann immer es nötig ist, tauschen sich die beiden kurz in einem persönlichen Gespräch aus, und so hat auch der Rest des Teams das Gefühl, die beiden arbeiten perfekt zusammen. Entscheidend hierfür ist, eine Methode zu finden, die für beide Partner funktioniert, und diese von Zeit zu Zeit neu zu überdenken.

Zusammenfassung: Respektieren Sie die Eigenheiten des anderen

Da Introvertierte und Extrovertierte so verschieden sind, birgt ihre Zusammenarbeit die Gefahr vieler Meinungsverschiedenheiten oder gar gegenseitiger Ablehnung. Den anderen zu akzeptieren, erlaubt jedoch viel mehr als nur eine deutliche Verbesserung der Beziehung. Partnern, die sich der schwierigen Aufgabe der gegenseitigen Akzeptanz stellen, eröffnen sich zahlreiche neue und kreative Möglichkeiten. Es ist nicht leicht, sich zu disziplinieren und zu begreifen, wie und weshalb der Partner die Welt mit anderen Augen sieht. Doch die Anstrengung lohnt sich. Es ist, als lernten Sie eine neue Sprache – und in Bezug auf Ihre Partnerschaft tun Sie das ja auch.

Fragen zum Überdenken

1. In welchen Situationen können Sie auf die nonverbalen Signale Ihres Partners achten?
2. Wie gelingt es Ihnen, tief durchzuatmen und zu entspannen, wenn Sie das nächste Mal die Geduld mit Ihrem Partner verlieren?
3. Wie können Sie sich in stressigen Situationen eine Auszeit nehmen?
4. Welche Codes oder Sätze könnten Sie mit Ihrem Partner für Situationen einführen, in denen Sie „aneinander vorbeireden"?
5. Haben Sie akzeptiert, dass Sie Ihren Partner nicht ändern können? Wie kann Ihnen das in Ihrer Zusammenarbeit helfen?

4. | Auseinandersetzungen suchen

„Wir hassen uns oft. Aber wenn wir aneinandergeraten, sind wir wie Feuerstein und Stahl – die Funken, die entstehen, sind es allemal wert.“[11]

(Der Zauberer Penn Jillette über seinen langjährigen Partner Teller)

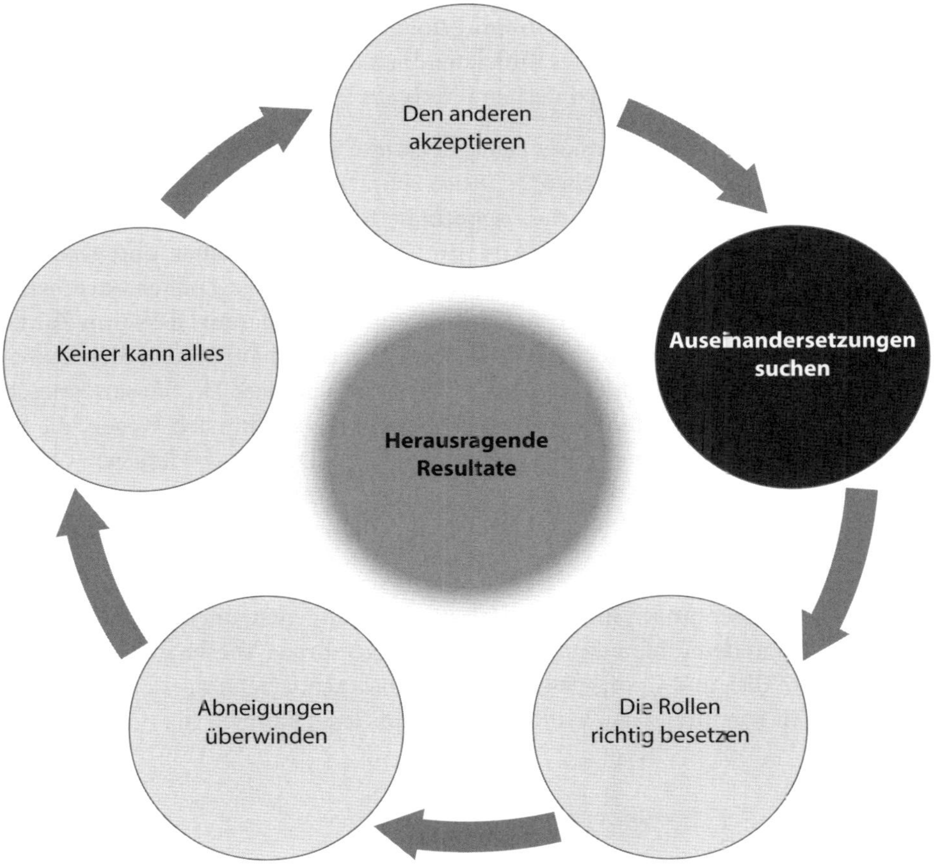

Auseinandersetzungen suchen: Sehen Sie Meinungsverschiedenheiten als eine notwendige Voraussetzung für bessere Ergebnisse. Indem Sie sich gegenseitig herausfordern, kommen Sie gemeinsam zu besseren Lösungen.

Die Ärztin und Epidemiologin Dr. Alice Stewart veröffentlichte 1965 in der britischen Medizinzeitschrift *The Lancet* einen schockierenden Artikel. Sie führte Daten an, die zeigten, dass Röntgenaufnahmen von Schwangeren bei den ungeborenen Kindern Krebs verursachten. Ihre Entdeckung löste in medizinischen Kreisen jedoch keine sofortige Reaktion aus. Im Gegenteil, es sollte noch ganze 25 Jahre dauern, bis Ärzte von Schwangeren keine Röntgenaufnahmen mehr machten.

In dieser Zeit arbeitete Dr. Stewart eng mit dem Statistiker George Kneale zusammen. Dieser trug entscheidend zu ihrem Erfolg bei, indem er die hartnäckige Entschlossenheit anfeuerte, mit der es ihr letztendlich doch noch gelang, dieser auf tragische Weise schädlichen medizinischen Praxis ein Ende zu bereiten.

Die Managementexpertin Margaret Heffernan sagte über Dr. Stewart in ihrer TED-Rede „Trau dich zu wiedersprechen“[12]: „Alice Stewart musste also 25 Jahre lang sehr hart kämpfen. Woher wusste sie, dass sie recht hatte? George Kneale war so ziemlich das genaue Gegenteil von Alice Stewart. Im Gegensatz zur offenen und geselligen Alice war George ein Einsiedler. Alice war ihren Patienten gegenüber warmherzig und mitfühlend, George hingegen machte nie einen Hehl daraus, dass ihm Zahlen lieber waren als Menschen. Doch hat er über ihr Arbeitsverhältnis auch diesen einen fantastischen Satz gesagt: ‚Mein Job ist es, zu beweisen, dass Dr. Stewart unrecht hat.‘ George Kneale hat intensiv nach Gegenbeweisen gesucht, nach Wegen, die Ergebnisse und Statistiken neu zu interpretieren und ihre Daten zu widerlegen. George sah es als seine Aufgabe an, ihre Theorien zu hinterfragen und strittig zu machen.“ Indem er Alice Widerstand bot, schärfte er ihr Denken und machte ihre Theorie noch überzeugender.

Erfolgreiche Partner nutzen ihre Meinungsverschiedenheiten, um das konventionelle Denken des anderen herauszufordern und festgefahrene Thesen auseinanderzunehmen. Wie Alice und George suchen sie die Auseinandersetzung, damit am Ende die ganze Welt von ihren genialen Resultaten profitieren kann.

Warum es wichtig ist, die Auseinandersetzung zu suchen

Es ist zum Besten der Firma

Introvertierte und Extrovertierte, die gut zusammenarbeiten, haben Erfolg, weil sie aus ihren Partnern die besten Ideen herausholen. Es ist, als würde man zwei Gehirne miteinander koppeln. Die Partner nähern sich gedanklich an, entfernen sich wieder und kommen dann am Ende zu einem Ergebnis, das verschiedene Sichtweisen beinhaltet. Die extrovertierte Betsy Polk und die introvertierte Maggie Ellis Chotas sind die Autorinnen von *Power Through Partnership: How Women Lead Better Together.* In ihrem Buch beschreiben sie, wie wichtig es ist, offen mit Konflikten umzugehen. „Wir haben festgestellt, dass wir auch beim härtesten Tauziehen immer nur das Beste für Mulberry [ihr Unternehmen] und für uns beide im Sinn haben."[13]

Es führt zu besseren Lösungen

Gegensätzliche Partner werden zu einem guten Team, sobald sie in potentiellen Konfliktsituationen ihre Stärken ausspielen. Der introvertierte Ricardo und sein extrovertierter Geschäftspartner Jose erzählten mir von einem Streit, bei dem es um ein neues Beurteilungstool ging, das sie ihrem Onlineangebot hinzufügen wollten. Sie unterbreiteten die Idee ihrem wichtigsten Kunden, und der bekundete großes Interesse daran.

Jose hatte viele Ideen, wie das Tool funktionieren könnte, und war angesichts der neuen Möglichkeiten voller Elan. Er redete nur noch von diesem Tool. Ricardo, der Vorsichtigere der beiden, war sich jedoch nicht sicher, ob der neue Service auch tatsächlich den Anforderungen des Kunden entsprechen würde. Während sie ihre unterschiedlichen Standpunkte vertraten, spürten die beiden Männer, wie sich die Atmosphäre immer weiter aufheizte.

Um weiterzukommen, setzten dann beide ihre jeweiligen Stärken ein. Jose wusste, dass er Ricardo, der über der Umsetzung grübelte, mit seinem Gerede überforderte. Also schnappte er sich einen anderen Kollegen „zum Reden" und benutzte diesen als Ventil für seine Ideen und Lösungsansätze. Ricardo hingegen zog sich in seinen Bereich zurück und arbeitete den genauen Ablauf des Projekts aus, inklusive Zeitplans und möglicher Risiken. Obwohl Jose bereit war loszulegen und Ricardo noch etwas Zeit brauchte, konnten die beiden so einen größeren Konflikt verhindern und kamen am Ende zu einer überzeugenden Lösung. Der Kunde unterschrieb den Vertrag für den neuen Service. Die Partner haben einen Weg der Auseinandersetzung gefunden, der ihren unterschiedlichen Charakteren entgegenkam, und so am Ende klar gewonnen.

Meinungsverschiedenheiten können zu Ergebnissen führen

Erfolgreiche Partner akzeptieren, dass jeder Entscheidung ein Konflikt vorausgeht und dass Konflikte normal, natürlich und notwendig sind. Sie wissen: Meinungsverschiedenheiten führen zu guten Ergebnissen. Das Lösen geschäftlicher Probleme ist kein linearer Prozess, und es ist durchaus möglich, dass sie aufgrund unterschiedlicher Ansichten auch einmal stecken bleiben und dann eine Weile brauchen, bis es wieder vorangeht. Genau das haben erfolgreiche Partner verstanden.

Selbst langjährige Arbeitskollegen, die gut miteinander befreundet sind, haben Meinungsverschiedenheiten, so auch Ricky Woolverton, ein extrovertierter Vertriebsleiter, und Liz Braden, eine introvertierte Ausbildungsleiterin. Der Firmenpräsident hatte die beiden in der Hoffnung zusammengesteckt, ihre unterschiedlichen Persönlichkeiten würden sich gut ergänzen, und seine Rechnung ist auch aufgegangen – bis auf ein Mal. „Ich hatte Ricky in Supervision und musste streng mit ihm sein. Er dachte, es wäre völlig in Ordnung, einen Vertreter zum Flughafen zu bringen, obwohl er eigentlich am Telefon hätte sein müssen. Er ignorierte einfach meine Anweisungen.“ Typisch für einen Extrovertierten hat Ricky, ohne lange nachzudenken, getan, was er tun wollte. Und typisch für eine Introvertierte hat Liz für sich behalten, was sie davon hielt. „Wir waren eine Woche sauer aufeinander.“

Später sprachen die beiden dann über die Situation, und die Zusammenarbeit funktionierte wieder. Ihre Kommunikation hat sich seitdem immens verbessert, und sie sind sogar noch produktiver als zuvor. Wie wichtig Konflikte sind, hat Liz nicht nur von Ricky gelernt, sondern auch in einem Kurs für soziale Kompetenz. Inzwischen hat sie viel weniger Angst vor Auseinandersetzungen und sagt: „Heute nehme ich mir in solchen Situationen eine Minute Zeit und frage mich ‚Was treibt diesen Menschen an?‘“

Der extrovertierte Ricky ließ sich im Gegenzug darauf ein, weniger vorschnell zu handeln und sich tatsächlich anzuhören, was Liz von ihm erwartet. Mit dieser Methode haben die beiden ihre Meinungsverschiedenheiten nach wie vor gut im Griff.

Daran kann das Suchen nach Auseinandersetzung scheitern

Ein Partner hält sich für wichtiger

Robert Lutz, ehemaliger Topmanager in der Automobilbranche, beschreibt seinen Partner Robert Eaton, 1993 bis 1998 Vorstandvorsitzender von Chrysler, exakt so, wie Extrovertierte typischerweise Introvertierte beschreiben. „Eine ruhige Persönlichkeit, von charismatischer Bescheidenheit und Führungsstärke … Bob [Eaton] war erfahren, zuvorkommend, eloquent und kannte das Geschäft. Er strahlte ein reifes, gelassenes Selbstvertrauen und eine große Selbstsicherheit aus, die in den erfolgreichen Jahrzehnten seines zukunftsorientierten Handelns bei GM entstanden war. Auf unseren [Lutz' und Eatons] Schultern lastete die Verantwortung zu gleichen Teilen."[14] Gemeinsam fuhren die beiden satte Gewinne für das Unternehmen ein.

Das nächste Kapitel in der Geschichte von Chrysler war dann ein ganz anderes. 1998 fusionierte das Unternehmen mit Daimler-Benz, und ein neuer Manager kam an Bord: Jürgen Schrempp. Lutz beschreibt Schrempp als „einen großen Mann, eine beeindruckende und autoritäre Erscheinung mit gewaltiger Stimme … ein aufdringlicher Riese". Es war ganz offensichtlich, dass sich diese neue Führungskraft für wichtiger hielt.

„Es war ziemlich schnell klar: Das Unternehmen würde nun nicht mehr in gleichberechtigtem Einvernehmen geführt werden." Lutz beobachtete, dass diese gegensätzlichen Partner von Beginn an Probleme miteinander hatten, und schließlich nahm Eaton dann seinen Hut. Zusammenfassend kommentiert Lutz dieses unglückselige Kapitel wie folgt: „Eaton führte ein großartiges Unternehmen … und erwirtschaftete für die Chrysler-Aktionäre ein Vermögen", aber „sein Ruhm wurde auf unfaire Weise geschmälert".

Der extrovertierte Lutz hatte die ruhigen Beiträge des introvertierten Eaton zu seiner Zeit sehr zu schätzen gewusst, und so waren die beiden auch als Team erfolgreich. Lutz' Nachfolger hingegen konnte oder wollte seinen introvertierten Partner nicht als gleichwertig akzeptieren.

Sie verbergen Ihre Sorgen

Als Kendra, introvertierte Anwältin und frischgebackene Mutter, mit einem wichtigen Fall beauftragt wurde, stellte das die Geduld ihrer extrovertierten Partnerin Carolyn auf eine harte Probe. Stillpausen und hormonelle Berg- und Talfahrten waren an der Tagesordnung. Dazu kam noch, dass Kendra immer früher ging, um in der Kita zu sein, bevor diese schloss. Carolyn musste sich oft Kendras unerledigter Aufgaben annehmen und zweimal die Woche bis spät abends arbeiten.

Dann stellte auch noch der Klient immer größere Ansprüche, und Carolyn begann, ihren Ärger an anderen Kollegen in der Kanzlei auszulassen. Kendra war bewusst, dass sie ihren Anteil nicht leistete, und fühlte sich deshalb schuldig und gestresst. Als Introvertierte fraß sie ihre Sorgen jedoch in sich hinein. Lange brachte keine der beiden Frauen das offensichtliche Problem, die ungleiche Arbeitsverteilung, offen zur Sprache. Nachdem Carolyn und Kendra dann eine wichtige Deadline nicht einhalten konnten, setzten sie sich endlich abends bei einem Glas Wein zusammen und sprachen vier Stunden lang ehrlich über ihre Sorgen und Nöte. Sie dachten über mögliche Lösungen für ihre ungleiche Arbeitsbelastung nach und kamen schließlich zu einer Übereinkunft, mit der beide leben konnten.

Mit dem gemeinsamen Ziel im Blick, den Wünschen des Klienten gerecht zu werden, überzeugten sie ihren Seniorchef, ihnen eine vorübergehende Aushilfe zu genehmigen. Diese Lösung brachte die Wende und rettete ihre angeschlagene Beziehung.

Wenn es darum geht, Konflikte in Stresssituationen zu lösen, verhalten wir uns oft kontraproduktiv. So zeigte Kendra, die Introvertierte, weder ihre Gefühle noch brachte sie das offensichtliche Problem zur Sprache, während Carolyn passiv aggressiv reagierte. Keines dieser Verhalten trug zur Konfliktlösung bei, obwohl beide Frauen dasselbe Ziel verfolgten: dem Klienten den bestmöglichen Service zu bieten.

Sie verlieren das gemeinsame Ziel aus den Augen

Die introvertierte Achir und ihr extrovertierter Mann Ishar sind zwei der wenigen von mir befragten Intro-extro-Geschäftspartner, die auch miteinander verheiratet sind. Die beiden stammen ursprünglich aus Indien und haben sich in Washington D. C. gemeinsam eine Druckerei aufgebaut, mit der sie einen bescheidenen Gewinn erwirtschaften. Um am Ball zu bleiben, führen sie immer wieder neue Technologien ein. Als sie ihre Firma gründeten, war das gemeinsame Ziel, die Familie damit zu ernähren und ein besseres Leben zu führen. Heute sind die beiden sehr stolz auf ihre Leistungen, auch wenn es sie einiges gekostet hat.

Getrennt berichteten mir die beiden, wie der Stress sie immer wieder von ihrem gemeinsamen Ziel, ein erfolgreiches Familienunternehmen aufzubauen, das sich in der schnelllebigen Druckindustrie behaupten konnte, abgelenkt hatte. Einer der größten Stressfaktoren war dabei, mit den technischen Neuerungen Schritt halten zu müssen.

Achir erzählte mir von den vielen Meinungsverschiedenheiten, die sie wegen Neuanschaffungen für den Betrieb mit ihrem Mann hatte. Ishar gab zu, dass er, wenn es um seiner Ansicht nach wichtige Investitionen ging, manchmal voreilig und ohne mit seiner Frau zu sprechen, gehandelt hatte. Als Introvertierte, die zudem noch von kulturellen Werten wie „Suche keinen Streit“ beeinflusst war, behielt Achir ihre Ansichten für sich. Ihrem Mann sagte sie nur: „Ich möchte nicht auf unseren Auseinandersetzungen herumreiten.“ Das Problem dabei war, dass sich ihre negativen Gefühle aufstauten.

Die Missverständnisse und gegenseitigen Verletzungen entfremdeten das Paar, und die beiden entfernten sich zunehmend von ihrem gemeinsamen Ziel, ein dynamisches Familienunternehmen aufzubauen. In dieser Situation wäre es hilfreich gewesen, die Auseinandersetzung zu suchen. Womöglich hätte die direkte Konfrontation trotz des Frusts und der Konflikte, die damit einhergehen, den beiden viele Chancen eröffnet, sowohl was das strategische Wachstum der Firma angeht als auch ihre persönliche Zufriedenheit mit dem Geschäft.

Lösungen: So suchen Sie die Auseinandersetzung

Erinnern Sie sich an Ihre unterschiedlichen Energien

Akzeptieren Sie, dass die introvertierte Energie Ihres Partners stark beansprucht wird, wenn er bei der Konfliktbewältigung zu viel Zeit mit anderen Menschen verbringen muss. Ihr extrovertierter Kollege schießt mit seiner Power bei Meinungsverschiedenheiten hingegen schnell über das Ziel hinaus. Bedenken Sie auch, dass Introvertierte ihre Gedanken sorgfältig ordnen, bevor sie sich äußern, während Extrovertierte in der Zeit meist schon längst wieder in den Startlöchern stehen, um weiterzumachen. Und: Introvertierte brauchen dringend Pausen, während bei Extrovertierten schnell die Luft raus ist, wenn zu lange nichts passiert.

Sagen Sie, was Sie brauchen

Indem Sie die Auseinandersetzung suchen, legen Sie den Grundstein für eine klare Kommunikation. Teilen Sie Ihrem Partner daher unmissverständlich mit, was Sie brauchen.

Lisa McLeod, die sich selbst als „rasende Extrovertierte“ beschreibt, ist Autorin und Consultant für Vertriebsführungskräfte. Sie und ihr Geschäftspartner und Ehemann Bob McLeod vermeiden unnötige Wutanfälle, indem sie ihre Bedürfnisse direkt ansprechen. Lisa sagt: „Ich bin ein Sprachprozessor. Ich muss reden, um meine Energie freizusetzen, und dazu brauche ich Bob.“ Wenn sie ihn aus der Stadt anruft und er nicht ans Telefon geht, weiß sie, er ist in seine introvertierte Welt abgetaucht.

Geht er ran, macht Lisa eine klare Ansage: „Ich brauche eine halbe Stunde, um über etwas mit dir zu reden. Passt das gerade?“ Passt es Bob nicht, antwortet er nicht mit „Nein“, sondern mit „Im Moment nicht“. Lisa sagt: „Ich weiß dann, dass es nichts Persönliches ist, und wir sprechen darüber, wenn er sich besser konzentrieren kann.“

Bewältigen Sie Krisen gemeinsam

Kommt es zu einer der unausweichlichen Krisen in Ihrer Partnerschaft, müssen Sie die Köpfe zusammenstecken und nach einem Ausweg suchen (vgl. Tab. 4.1). Das bedeutet oft, sich auf denjenigen der beiden Partner zu verlassen, der zur Lösung des anstehenden Problems die besseren Voraussetzungen hat.

Wann fragen	Was fragen
Vor einem Konflikt	■ Was will ich wirklich? ■ Weiß ich, was mein Partner wirklich will? ■ Wie wichtig ist mir das Ergebnis? Wie wichtig ist es meinem Partner?
Während eines Konflikts	■ Gebe ich meinem introvertierten Partner Gelegenheit, mit mir schriftlich oder in Einzelgesprächen zu kommunizieren? ■ Gebe ich meinem extrovertierten Partner die Gelegenheit, sich zu äußern und seine Ideen auszusprechen? ■ Überflügeln meine Gefühle mein rationales Denken? Unterdrückt mein rationales Denken meine Gefühle? ■ Nehmen wir uns, wenn wir Probleme diskutieren, gelegentlich eine Auszeit? ■ Wäre es sinnvoll, einen Außenstehenden mit einzubeziehen, um Meinungsverschiedenheiten auszuräumen? Wer könnte das sein? ■ Ist es sinnvoll, sich zunächst auf eine vorläufige Lösung zu einigen? ■ Haben wir uns eine Frist zur Lösung des Problems gesetzt? ■ Wann treffen wir uns wieder?
Nach einem Konflikt	■ Wie funktioniert unsere Lösung? ■ Was müssen wir optimieren? ■ Was haben wir aus unserer Erfahrung gelernt? ■ Was sollten wir anders machen, wenn sich wieder ein Konflikt abzeichnet?

Tabelle 4.1: Hilfreiche Fragen bei Auseinandersetzungen

Anthony, der Mitbegründer eines australischen Unternehmens für Onlinebildung, erzählte mir, er und sein Partner hätten sich in ein Problem mit einem Kunden einmal so verrannt, dass sie die Beziehung zu diesem nicht mehr distanziert betrachten konnten. Ein klarer Fall für seinen extrovertierten Partner Errol. Der setzte sich sofort ans Telefon und arrangierte ein Meeting mit dem betreffenden Auftraggeber, in dem er für alles, was falsch gelaufen war, die volle Verantwortung übernahm. Damit entschärfte er die Situation so weit, dass er das Verhältnis wieder geraderücken konnte, und am Ende wurde einer der stressigsten und schwierigsten Kunden der beiden zu einem ihrer loyalsten.

Finden Sie mithilfe von Dritten den Weg aus Sackgassen

Als ich und mein introvertierter Mann Bill unser erstes gemeinsames Buch schrieben, war einer der vielen kritischen Punkte die Einhaltung des Zeitplans. Wie immer war mir Bill mit seinem Teil des Manuskripts weit voraus. Nach mehreren unproduktiven Gesprächen zu diesem Thema entschlossen wir uns schließlich, unsere Lektorin in Cambridge in England anzurufen. Noch heute habe ich Ailsas ruhige Stimme im Ohr. Sie riet Bill, sich ein wenig zu entspannen, und mir, endlich zu Potte zu kommen. Dass wir uns an einen objektiven Außenstehenden gewandt hatten, half uns, die Spannungen zwischen uns abzubauen und uns wieder zivilisiert miteinander zu unterhalten. Wir wurden rechtzeitig fertig, allerdings nicht ohne ein paar weitere Krisen und Telefonate mit England. Ailsa anzurufen, war für uns strategisch wichtig, weil wir eine dritte Person brauchten, die uns den Weg aus unseren Sackgassen zeigte.

Nehmen Sie sich eine Auszeit

Michael, ein extrovertierter Vertriebsleiter, wollte seinen Teamkollegen Derrick unbedingt davon überzeugen, mehr Ware einzukaufen. Dieser reagierte jedoch kaum, also legte Michael einen Zahn zu und redete noch vehementer auf ihn ein. Dummerweise hatte sein „leidenschaftliches Plädoyer“ nicht den gewünschten Effekt und Derrick ließ ihn einfach stehen.

Michael holte erst einmal tief Luft und war dann, nachdem er sich etwas beruhigt hatte, bereit, sich Derricks Einwände anzuhören. Die Partner führten ein vernünftiges, problemorientiertes Gespräch, in dem Michael Derricks Bedenken nach und nach ausräumen konnte.

Zu Beginn einer Partnerschaft und in kritischen Momenten verbringen Sie viel Zeit mit Ihrem Partner. Zu viel Zweisamkeit kann jedoch zur Folge haben, dass Ihr

Selbstbewusstsein und Ihre persönlichen Ansichten von der Partnerschaft absorbiert werden.

Und natürlich können Sie und Ihr Partner auch einfach genug voneinander bekommen. Fragen Sie nur eines der vielen Rentnerpaare, die plötzlich den ganzen Tag zusammen sind. Manchmal ist eine Auszeit der beste Weg, sich in einer Partnerschaft neu zu formieren und unbelastet und mit klarem Kopf neu anzufangen.

Wie schon im Kapitel über das Akzeptieren des anderen erwähnt, neigen wir dazu, in Stress- und Konfliktsituationen unsere Stärken zu übersteuern. Ein Extrovertierter redet noch lauter und noch mehr, während ein Introvertierter sich noch weiter zurückzieht. Widerstehen Sie der Versuchung, Ihre natürlichen Eigenschaften noch stärker auszuleben, und nehmen Sie sich die Zeit, innezuhalten und nachzudenken. Schon ein paar Minuten genügen, um Ihren nächsten Schritt in Ruhe zu reflektieren. Der übrigens auch darin bestehen könnte, nichts zu tun.

Gehen Sie beim Reden spazieren

Haben Sie schon einmal darüber nachgedacht, Ihre Gespräche auch außerhalb des Büros zu führen? Diese Taktik kommt sowohl den Bedürfnissen Extrovertierter als auch denen Introvertierter entgegen. Warum? Extrovertierte denken laut. Gehen sie beim Reden umher, hilft ihnen das, sich über ihre Ansichten klar zu werden. Zudem können sie ihrem introvertierten Partner Fragen stellen, ohne dabei wie ein Staatsanwalt zu wirken, der einen Zeugen verhört. Introvertierte profitieren dagegen vom entspannteren Tempo der Konversation. Sie müssen sich nicht auf den Blickkontakt oder andere Umgangsformen eines direkten Gesprächs konzentrieren und sparen so Energie.

Indem Sie aufstehen, sich bewegen und Ihren Kreislauf in Schwung bringen, können Sie gemeinsam Ideen entwickeln, und es werden sich neue Lösungen auftun. Nilofer Merchant, Vordenkerin und überzeugte Vertreterin dieser Besprechungen im Gehen, schreibt: „Nachdem ich schon mehrere Hundert dieser Gespräche geführt hatte, fielen mir ein paar unerwartete, positive Nebeneffekte auf … wenn ich neben jemandem hergehe, kann ich ihm besser zuhören, als wenn ich ihm in einem Café gegenübersitze. Gehen wir nebeneinander her, scheinen die Probleme und Ideen vor uns zu liegen, und wir haben das Gefühl, sie gemeinsam in Angriff zu nehmen."[15]

Zusammenfassung: Die Auseinandersetzung zu suchen, kann einen Krieg verhindern

Bei willensstarken gegensätzlichen Paaren führt die Suche nach der Auseinandersetzung zu einzigartigen Durchbrüchen und Lösungen, von denen sowohl die Partner als auch ihre Kunden profitieren. Konfliktfähig zu sein bedeutet, zu respektieren, woraus der andere seine Energie bezieht, die Bedürfnisse des Einzelnen zu klären, Krisen gemeinsam zu meistern und sich, wenn nötig, auch an Dritte zu wenden. Und es bedeutet, sich Auszeiten zu nehmen oder bei Problemgesprächen auch einmal nebeneinanderher zu gehen, anstatt sich in die Augen zu schauen. Je mehr auf dem Spiel steht, umso wichtiger ist es, dass gegensätzliche Partner die Auseinandersetzung suchen und als zielorientiertes Team zusammenarbeiten.

Fragen zum Überdenken

1. Welche Gelegenheiten nutzen Sie, um das Denken Ihres Partners herauszufordern?
2. Wie setzen Sie Ihre persönlichen Stärken zur Krisenbewältigung ein?
3. Sind Sie sich der introvertierten oder extrovertierten Eigenheiten Ihres Partners bewusst, wenn Sie Ihn mit heiklen Themen konfrontieren?
4. Wie verschaffen Sie sich regelmäßig Zeit zum Reden?
5. In welchen Konfliktsituationen könnten Sie Dritte einschalten?

5. Die Rollen richtig besetzen

„Wenn ihn eine gewisse Langsamkeit meiner Denkvorgänge auch irritierte, so hatte dies nur zur Folge, dass seine Eingebungen und Ideen umso lebhafter und rascher aufflammten und blitzten. So also sah meine bescheidene Rolle in unserem Bündnis aus."[16]

(Watson über Sherlock Holmes)

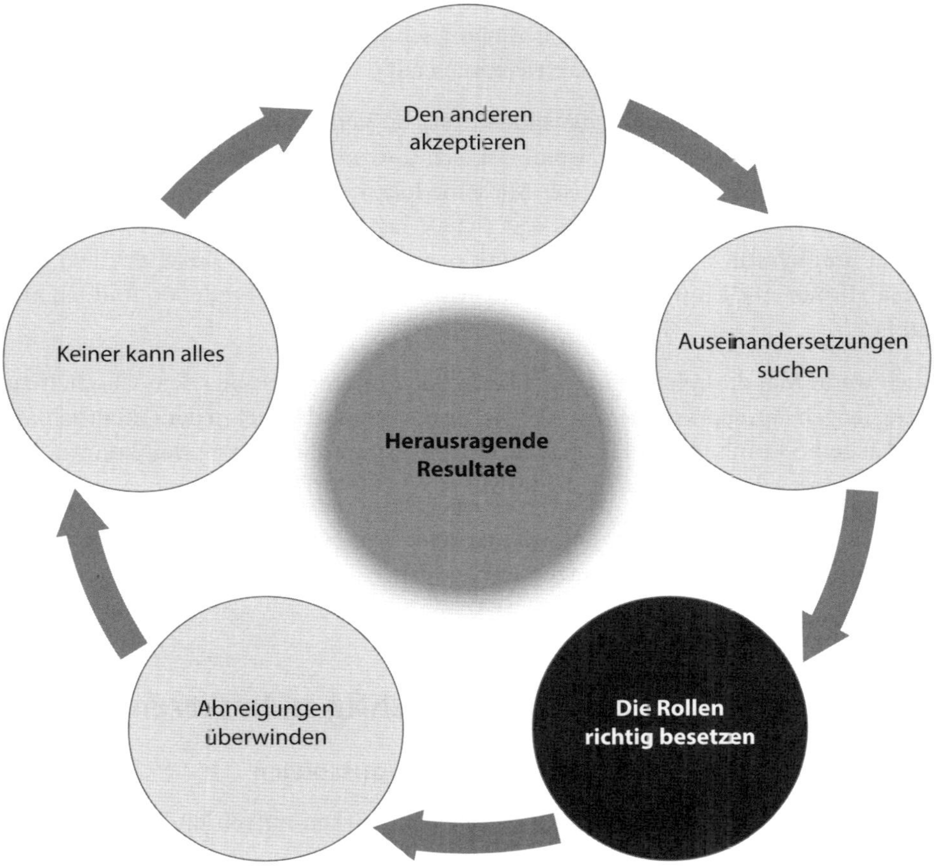

Die Rollen richtig besetzen: Machen Sie sich klar, wer in welchen Situationen der Bessere ist, und besetzen Sie die Rollen entsprechend. So setzen Sie Ihre Unterschiede bestmöglich ein. Partner teilen den Erfolg, unabhängig davon, wer welche Rolle spielt.

Alibaba, das oft als PayPal, Amazon und eBay in einem beschrieben wird, ist eines der größten Internetunternehmen der Welt. Die Seele der Firma ist ihr Gründer und früherer Vorstandsvorsitzender Jack Ma, ein typischer Extrovertierter, für den es nichts Ungewöhnliches ist, sich zu kostümieren und vor über 16 000 Angestellten Lieder aus *Der König der Löwen* zu schmettern.

Im März 2013 übergab Ma die Zügel an seinen engvertrauten Partner Jonathan Lu, der in der Firma als Mas „Alter Ego" gesehen wird. Lu ist es gewohnt, hinter den Kulissen zu agieren. Er sagt: „Wir ergänzen uns sehr gut. Er schaut nach vorn und über den Tellerrand hinaus. Ich konzentriere mich auf das Hier und Jetzt."[17]

Als Lu für Alibaba.com noch die südchinesische Vertriebsregion managte, fuhr er Ma immer durch Guangdong, wenn der sich dort mit verschiedenen Kunden traf. Auf diesen Fahrten unterbreitete er Ma seine Ideen zur Optimierung der Verkaufsanreize. „Damals lernten wir uns erst richtig kennen – er redete, ich hörte zu, er schlief und ich fuhr." Dann fügte Lu mit dem für geniale Partnerschaften so typischen Humor noch hinzu: „Das ist immer so. Zu 90 Prozent redet er, und ich sage nur ja."

Auch wenn Ma, der reichste Mann Chinas, sich mittlerweile aus dem Geschäft zurückgezogen hat, repräsentiert er Alibaba immer noch als Chef in der Öffentlichkeit. Ma hat seine Firma in Lus Hände gelegt, weil er sich darauf verlassen konnte, dass dieser sie mit seinen einzigartigen Stärken voranbringen würde.

Schauen wir uns also an, wie geniale Partnerschaften wie diese ihre Erfolge erzielen, indem sie die Rollen richtig besetzen.

Warum es wichtig ist, die Rollen richtig zu besetzen

Gegensätzliche Partner können ihre Stärken ausspielen

Wenn gegensätzliche Partner ihre individuellen Stärken nutzen und in ihre natürlichen Rollen schlüpfen, geschehen magische Dinge. So nutzen viele Partner beispielsweise ihre unterschiedlichen Persönlichkeiten zu ihrem Vorteil, indem sie Kundengespräche dem locker kommunizierenden Extrovertierten überlassen und den Introvertierten gar nicht erst in diese für ihn unangenehmen Situationen bringen.

Dies trifft auch auf den introvertierten Shyam und den extrovertierten Veer zu. Diese beiden routinierten Teamplayer bauen schon seit 25 Jahren auf ihre angeborenen Stärken. Shyam, technischer Direktor eines Unternehmens für Informationstechnologie, kommt mit seinen langjährigen Kunden bei der Regierung sehr gut zurecht. Geht es allerdings darum, neue Leute zu treffen, fühlt er sich deutlich weniger wohl. Den Small Talk und das Händeschütteln überlässt er lieber Veer, dem Geschäftsführer, der in dieser extrovertierten Rolle aufgeht. Indem sie sich die Verantwortung für den Vertrieb auf diese Weise teilen, fahren die beiden für die Firma ununterbrochen Gewinne ein.

Umgekehrt bedeutet die Rollen richtig zu besetzen zuweilen aber auch, sich auf dem Gebiet des anderen zu versuchen, wenn eine Aufgabe zügig erledigt werden muss. Adam Grant, der Autor von *Geben und Nehmen,* untersucht in seinem Buch die Erfolgsfaktoren von Vertriebsleuten und stellt dabei fest, dass viele von ihnen, wie er es nennt, „ambivertierte", d. h. sowohl extrovertierte als auch introvertierte, Eigenschaften aufweisen. Grant glaubt, Organisationen profitieren sehr davon, wenn sie ihre „klar extrovertierten Vertriebsleute darin schulen, sich auch in der Ruhe und Zurückhaltung ihrer introvertierten Kollegen zu üben."[18] Die Palette der eigenen Fähigkeiten zu erweitern, mindert weder die angeborenen Stärken von Extrovertierten noch die von Introvertierten. Im Gegenteil, es ist den gemeinsamen Zwecken sehr dienlich.

Gegensätzliche Partnerschaften brauchen einen Stichwortgeber

Viele Paare, die auf ihre Verschiedenheit bauen, weisen dem introvertierten Partner die Aufgabe des Stichwortgebers *(straight man)* zu, während der Extrovertierte die Hauptrolle übernimmt. Autor Joshua Wolf Shenk spricht auch vom „Partner hinter den Kulissen". So bezeichnete der charismatische Martin Luther King jr. den unauffälligeren Ralph Abernathy jr. als seinen „Handlanger und Stimmungsmacher."[19] Abernathy hatte die Aufgabe, der Menge die Fakten darzulegen, sie in Stimmung zu bringen und zum Kämpfen anzustacheln. Danach kam dann Dr. King und hielt seine Rede.

Ein weiteres perfektes Beispiel für diese Dynamik ist das verstorbene Komikerduo und Ehepaar George Burns und Gracie Allen. Gracie Allen schlüpfte in die „Hauptrolle" der dummen Frau, während George Burns den ruhigen Ehemann spielte. Roger Rosenblatt schrieb über das Paar: „Das Wesentliche an einem Stichwortgeber ist, dass er dem anderen sehr viel überlässt. Er überlässt ihm die besten Witze, die Bühne und das Rampenlicht. Doch indem er überlässt, gestaltet er die Show ..."[20] Die beiden schienen eins zu sein, weil ihre gegensätzlichen Rollen sich perfekt ergänzten. Ihre Show funktionierte nur, wenn jeder seine vorgegebene Rolle spielte.[21]

Die richtige Rollenbesetzung kann zu unerwartet positiven Ergebnissen führen

Spielen Sie Ihre natürliche Rolle, kann das zu positiven Resultaten führen, mit denen Sie gar nicht gerechnet hatten. Charlotte Ashlock, Mitte zwanzig und introvertiert, ist Lektorin und Digital-Produzentin im Verlagshaus Berrett-Koehler. Sie erzählte mir von einem Erlebnis mit ihrer Freundin Betsy, welches das sehr gut illustriert.

„Betsy und ich waren zusammen im ‚Destination-Imagination-Team‘, einer AG an unserer Schule, in der wir uns auf Wettkämpfe im Improvisieren und Lösen von Problemen vorbereiteten. Während unserer Treffen konzentrierte ich mich immer voll aufs Üben und die Vorbereitungen für den nächsten Wettkampf. Betsy hingegen verbrachte die Zeit lieber damit, sich zu entspannen und mit den anderen zu quatschen. Manchmal dachte ich: *Warum will hier außer mir eigentlich niemand arbeiten?*, und war ziemlich frustriert. Als unser Team dann beim nächsten Wettkampf lange nicht so gut vorbereitet war, wie ich es mir gewünscht hätte, sah ich mich in meinen Befürchtungen bestätigt.

Kurz bevor wir auf die Bühne mussten, waren wir alle panisch. Aber Betsy schnappte sich eine unserer Requisiten, einen Salatkopf aus Plastik, und verkündete mit dröhnender, siegessicherer Stimme: ‚Solange dieser Salat bei uns ist, können wir nicht versagen!‘ Wir prusteten alle los und riefen: ‚DER SALAT!‘ Dann gingen wir raus auf die Bühne, um Spaß zu haben. Unser Team hat zwar nicht gewonnen (tatsächlich waren wir sogar unter den Letzten), aber es hat uns unglaublich viel Spaß gemacht, und da war diese starke Verbundenheit zwischen den Teammitgliedern. Mir wurde klar, dass Betsys Humor und Teamgeist mindestens genauso wichtig waren wie meine Ernsthaftigkeit und mein Ehrgeiz.“

Die positive Wirkung auf das Team machte Charlottes Frust wieder wett. Sie ließ Betsy Betsy sein, wodurch das Team enger zusammenrückte und später noch mehrere regionale Wettbewerbe gewann.

Daran kann das richtige Besetzen der Rollen scheitern

Die Rollen sind unfair oder unklar verteilt

Ein humoristisches Beispiel für diesen Fall gibt eine Episode der in den 50er Jahren gedrehten Comedyserie *I Love Lucy.* Zwei Ehepaare, die Ricardos und die Mertzes, beschließen, gemeinsam ein Restaurant zu kaufen. Ein Paar soll „das Know-how“ mitbringen, das andere „den guten Namen“.[22] Unglücklicherweise endet das Ganze damit, dass Fred und Ethel, das Paar mit dem Know-how, die ganze Arbeit alleine machen. Lucy und Ricky Ricardo spielen sich als Restaurantbetreiber auf und halten Small Talk mit den Gästen, während Fred und Ethel in der Küche stehen und Hamburger braten. Die beiden fühlen sich ausgenutzt und gehen. Ricky und Lucy müssen nun alles alleine managen, was natürlich nicht funktioniert.

Im weiteren Verlauf der Episode teilen sie das Restaurant dann sogar noch in zwei Hälften und streiten sich um einen verirrten, stark alkoholisierten Gast. Alle Lösungsversuche schlagen fehl.

Die Serie mag etwas übertrieben sein, ist die Aufgabenverteilung jedoch nicht klar geregelt, kann das im wahren Leben zu noch ganz anderen Problemen führen. Stephanie, eine introvertierte Videoproduzentin, die Sie später im Buch noch näher kennenlernen werden, erklärte mir das Entstehen einer Kommunikationslücke zwischen ihr und ihrer Partnerin Jane folgendermaßen: „Am Anfang waren wir beide für alles zuständig: Akquise, Angebot und Vertrag. Da wir die einzelnen Schritte aber jeweils alleine erledigten, war schwer im Auge zu behalten, was insgesamt lief. Wir verloren den Überblick, wer mit wem wann welchen Vertrag gemacht hatte …" Und mit dem Überblick verloren die beiden letztendlich dann auch Aufträge und potentielle Gewinne.

Einer bekommt alle Anerkennung

Daryl Hall und John Oates (auch bekannt als *Hall and Oates*) stehen schon seit über 45 Jahren gemeinsam auf der Bühne, und noch nie hatte das berühmte Musikerduo einen öffentlichen Streit. Obwohl John für den Erfolg des Duos eine entscheidende Rolle spielt, hält man ihn oft für den introvertierten Begleitmusiker des extrovertierten Daryl Hall.

Als man ihn einmal fragte, wie er sich dabei fühle, nur als Begleitmusiker gesehen zu werden, meinte Oates: „Ich habe kein Problem damit, weil ich mich selbst nicht so sehe. Vielleicht sehen mich andere oder auch die ganze Welt so, aber das ist schon in Ordnung. Für mich ist das wie im Zen: Ohne Horizont, kann es keinen schönen Sonnenuntergang geben. Daryl [Hall] hat eine unglaubliche Bühnenpräsenz und eine gewaltige Stimme, die zum Wahrzeichen von *Hall and Oates* geworden ist. Das ist einfach so."[23]

Leider sind nicht alle Partner so großzügig und verständnisvoll, wenn es zu ungleichen Rollenverteilungen kommt. Am Beispiel des Polio-Impfstoff-Forschers Jonas Salk beschreibt Adam Grant, welch verheerende Auswirkungen es haben kann, wenn einer alle Anerkennung für sich beansprucht. „Nachdem der Impfstoff erfolgreich auf dem Markt war, hielt man eine Pressekonferenz ab, in der Salk die sechs

Forscher, die in seinem Labor arbeiteten und maßgeblich an der Entwicklung des Impfstoffs beteiligt waren, mit keiner Silbe würdigte. Dieser Moment, in dem er die Anerkennung für sich alleine beanspruchte, sollte ihn ein Leben lang verfolgen …", schreibt Grant. „Seine Kollegen mieden ihn, er gewann nie einen Nobelpreis, und er wurde auch nie in die namhafte *National Academy of Science* aufgenommen. Dass er sich derart in den Vordergrund gedrängt und das unkollegialste Verhalten an den Tag gelegt hatte, das man sich vorstellen kann, hat man ihm nie verziehen."[24] Salk schadete mit seinem Verhalten nicht nur seinem Team, sondern vor allem sich selbst.

Der Partner wird auf Erwartungen festgenagelt

Rashid, ein introvertierter Architekt, arbeitet viel mit Sari, einer extrovertierten Designerin, zusammen. Er hat sich daran gewöhnt, dass sie immer wieder bei ihm vorbeischaut und ihm ihre neusten Projektideen unterbreitet. Die beiden lachen viel miteinander, und Saris ungezwungene Besuche inspirieren Rashid. Im Grunde genießt er die kurzen Unterbrechungen im Arbeitsalltag.

Einmal kam Sari hereingeschneit, als er mit Kopfhörern auf den Ohren über ein besonders kompliziertes Problem gebeugt an seinem Schreibtisch saß. Sie erzählte ihm begeistert von ihrer neusten Idee, aber Rashid warf ihr nur einen finsteren Blick zu. Nachdem sie noch eine Weile weitergeredet hatte, bemerkte sie seine schlechte Laune und marschierte verärgert davon. Es dauerte ein paar Tage, bis das Eis wieder schmolz.

So wie Sari von Rashid erwartet hatte, dass er wie immer die Rolle des aufmerksamen und freundlichen Zuhörers übernimmt, erwarten wir von unseren Partnern oft, dass sie sich genau so verhalten, wie wir es von ihnen gewohnt sind. Doch auch Partner sind nur Menschen und weichen gelegentlich von ihrem Typus ab.

So lassen wir uns von Kunden, die sich für einen der beiden Partner entscheiden, auch schnell in eine Schublade stecken, obwohl durchaus beide in der Lage wären, eine bestimmte Aufgabe zu übernehmen. Adelaide Lancaster und Amy Abrams sind Inhaberinnen einer Firma mit Stammsitz in New York. Adelaide ist introvertiert, Amy extrovertiert. „Die Leute typisieren uns oft", erzählte mir Adelaide. „Wahrscheinlich geht es uns da wie Geschwistern oder Zwillingen. Ich bin dann die für die Daten und Details, und Amy ist die Nette, Umgängliche."[25] Ist ein Partner auf einem Gebiet stärker, muss das aber noch lange nicht bedeuten, dass der andere in diesem Bereich gar nichts zu bieten hat.

Lösungen: Bleiben Sie trotz fester Rollen flexibel

Bringen Sie zuerst Ihre eigenen Angelegenheiten in Ordnung

Als introvertierte und extrovertierte Menschen sind Ihre Unterschiede nicht unerheblich. Daher ist es sinnvoll, zunächst die eigene Persönlichkeit zu kennen, bevor Sie die ersten Schritte in eine gegensätzliche Partnerschaft wagen. Die berühmten US-amerikanischen Eisfabrikanten Burton Baskin und Irvine Robbins gründeten ihr gemeinsames Unternehmen, nachdem beide zuvor gewinnbringend eine eigene Firma geführt hatten. Erst nachdem sie individuell erfolgreich waren, funktionierte auch ihre Partnerschaft.[26]

Bevor Sie sich in Ihrem Betrieb oder Ihrer Organisation auf eine Partnerschaft einlassen, müssen Sie eventuell noch mehr Erfahrung sammeln oder Ihre persönlichen Fähigkeiten optimieren. Auf diese Weise wissen Sie schon zu Beginn der Partnerschaft, welche Rolle Ihnen selbst liegt und welchen Beitrag Sie von Ihrem gegensätzlichen Partner erwarten.

Machen Sie sich für Ihren Partner stark

Die extrovertierte Brook, Vizepräsidentin und Filialleiterin eines Finanzinstituts, gestand mir, sie bereite ihrer Angestellten Monica immer wieder unangenehme Überraschungen, diese lasse sich jedoch durch nichts aus der Ruhe bringen. Brook ist eine Frau, die sagt, was sie denkt, und sie sieht es als ihre Aufgabe an, Monicas gute Leistungen auch in der Chefetage zu erwähnen. Zwar hätte Brook es lieber gesehen, wenn Monica sich besser präsentieren und ihre Leistungen selbst herausstellen würde, nichtsdestotrotz nutzt sie ihre Redegewandtheit, um sich auch für Monica starkzumachen. Als extrovertierter Mensch können Sie Ihre natürliche Überzeugungskraft auch für die einsetzen, die sich nur zögerlich „selbst loben".

Genauso können aber auch Introvertierte für ihre gegensätzlichen Partner eintreten. So konnte beispielsweise Jose, der introvertierte Vizepräsident eines Unternehmens, während einer Kundenpräsentation, bei der sich mehrere extrovertierte Vertriebsleute in ihrem Enthusiasmus zur Markteinführung eines neuen Produkts fast überschlugen, mit seiner ruhigen Art die Kohlen noch einmal aus dem Feuer holen. Nicole, die Kundin, hatte noch einige Fragen, wie sich das neue Produkt in die Prozesse ihrer Firma integrieren ließ. Aber angesichts des Blablas, das ein Vertriebler nach dem anderen von sich gab, war sie sehr skeptisch und hatte Sorge, dass alles, was sie hörte, nur heiße Luft war.

Als Jose Nicoles Bedenken bemerkte, leistete er Schadensbegrenzung, indem er sich mit ihr privat zu einem ruhigen, sachlichen Gespräch traf, in dem er all ihre Fragen geduldig beantwortete. Mit seiner ruhigen, zuversichtlichen Art glich er den Überenthusiasmus seiner extrovertierten Kollegen aus und konnte die Glaubwürdigkeit des Teams wiederherstellen. So kam es am Ende doch noch zum Vertragsabschluss.

Introvertierte können ihre Gabe, zuzuhören, zu beobachten und ruhige, wohlüberlegte Gespräche zu führen, nutzen, um heftige Reaktionen abzumildern oder Missverständnisse auszuräumen – insbesondere dann, wenn Extrovertierte wieder einmal zu spontan waren.

Fallen Sie auch mal aus der Rolle

Wenn Sie Ihre Rolle verlassen oder Fähigkeiten einsetzen, deren Sie sich nicht ganz sicher sind, erweitern Sie damit Ihren Horizont und trainieren Ihre „entgegengesetzten Muskeln".

Jonathan Lu, Geschäftsführer bei Alibaba, ließ sich auf eine neue Rolle verpflichten, obwohl er wusste, dass diese ein extrovertiertes Verhalten erforderte. Nachdem er das Unternehmen übernommen hatte, sagte er: „Wir möchten, dass Jack Ma [der vorherige Geschäftsführer] nicht mehr so oft herkommen muss. Ich werde von nun an also häufiger öffentlich in Erscheinung treten. Dazu muss ich allerdings noch etwas an mir arbeiten, und das braucht Zeit."

Auf ähnliche Weise eignete sich auch die introvertierte Arlene Cohn ein extrovertierteres Verhalten an. Anstatt immerzu an ihrem Mann und Geschäftspartner Steve zu kleben, zwang sie sich, in Besprechungen mit vielen verschiedenen Menschen ein Gespräch zu beginnen. Dabei stellte sie fest, dass sie durchaus in der Lage war, in ihrer Branche neue Freundschaften und Kontakte zu knüpfen, und damit ihren Wert auch in der Partnerschaft steigerte.

Überlegen Sie, welche introvertierten oder extrovertierten Verhaltensweisen Sie sich aneignen könnten, und probieren Sie diese aus. Ein solches „Crosstraining" kann gleich zwei positive Effekte haben: Erstens werden Ihr Partner und auch andere Menschen die Erfahrung machen, dass sie sich in weit mehr Bereichen auf Sie verlassen können als bisher, und zweitens wird das Ausbauen Ihrer jeweiligen Rollen Ihnen und Ihrem Partner neues Vertrauen in Ihre Fähigkeiten als Team geben.

Passen Sie die Aufgaben Ihrem Typ an

Die Consultants Emily und Dick Axelrod empfinden es bei ihren komplizierten und oft sehr intensiven Change-Management-Projekten als großen Vorteil, dass sie sich die Kundenaufträge entsprechend ihrer Persönlichkeit aufteilen können. Sie fragen sich, mit wem sich der Kunde wohler fühlen wird, und derjenige übernimmt dann die Führung. Dieses Vorgehen erfordert ständige Diskussionen und hängt oft vom Wissen um die introvertierten und extrovertierten Stärken des Einzelnen ab.

„Ich verkörpere Ruhe und Sicherheit", sagt der introvertierte Dick, „aber wenn wir die Leute schnell organisieren müssen oder mehr Energie brauchen, ist Emily am Zug. Das Feedback gibt in der Regel Emily, während ich darauf achte, dass die Leute es auch verstehen und gut umsetzen."

Die Kunden der Axelrods erklären oft, dass diese Zweigleisigkeit vor, während und nach einem Projekt für sie sehr wertvoll sei. Sie haben das Gefühl, deutlich mehr für ihr Geld zu bekommen, als wenn sie nur mit einem der beiden arbeiten würden.

Kennen Sie Ihre Stärken und nutzen Sie diese gemeinsam mit Ihrem Partner. Überdenken Sie Ihre Rollen aus Sicht des Kunden (wer hat was zu bieten?), und passen Sie Ihren Kundenkontakt entsprechend an.

Lassen Sie es sich schriftlich geben

Die meisten erfolgreichen Geschäftspartner sind sich darüber einig, dass die Bedingungen ihrer Absprachen klar sein müssen. Daher halten sie diese oft auch schriftlich fest. Michael, ein introvertierter Kollege von mir, schreibt mir immer lange Mails mit detaillierten Vorschlägen, wie wir uns die Aufgaben teilen könnten. Er nutzt damit seine Stärke, Dinge schriftlich vorzubereiten. Daraufhin legen wir dann gemeinsam fest, wann wir seine Vorschläge besprechen – meine extrovertierte Stärke. Er schreibt, ich rede: So berücksichtigen wir beim Festlegen der Rollen und unseres Vorgehens die Neigungen beider.

Sorgen Sie für direktes Coaching

Coaching, wozu auch der Austausch von Feedback (vgl. Tab. 5.1) mit dem Partner gehört, ist für eine gegensätzliche Partnerschaft nicht nur bereichernd, sondern unverzichtbar. Asia, introvertierte Führungskraft in der Finanzprüfung, pflegt mit ihrer extrovertierten Finanzchefin Lauren einen offenen Umgang. Immer wenn Lauren das Team mit ihren Hochgeschwindigkeitstiraden überfordert, erinnert Asia sie daran, Luft zu holen. Dieses direkte Coaching hilft Lauren, ihr Tempo zu drosseln und ihre Botschaften wirkungsvoller zu übermitteln.

Feedback geben	Feedback erhalten
Fragen Sie nach dem geeigneten Zeitpunkt für Ihr Feedback.	Sagen Sie offen, ob Ihnen der Zeitpunkt für ein Feedback passt.
Erklären Sie klar und präzise, was Ihnen aufgefallen ist und was Sie erwarten.	Fragen Sie nach, wenn Sie mehr Informationen brauchen, und bitten Sie Ihren Partner um konkrete Beispiele für seine Beobachtungen.
Stellen Sie ergebnisoffene Fragen: „Wie siehst du das?" „Hast du darüber schon einmal nachgedacht?"	Umschreiben Sie das Gesagte, um sicherzugehen, dass Sie es verstanden haben.
Formulieren Sie präzise, was Sie in einer ähnlichen Situation das nächste Mal erwarten.	Bestätigen Sie das Feedback und ziehen Sie Änderungen in Betracht.
Bedanken Sie sich.	Bedanken Sie sich.

Tabelle 5.1: Direktes Coaching

Lauren hat Asia sogar gebeten, ihr auch zu anderen Aspekten ihres Führungsstils Feedback zu geben.

Als extrovertierter Mensch können Sie Ihren Partner dabei unterstützen, auch „öffentlichere" Rollen, beispielsweise in Meetings, zu übernehmen. So wie Vijay, ein extrovertierter und selbstsicherer Risikokapitalanleger, seinen Freund Ben kräftig bei der Vorbereitung von Verkaufsgesprächen mit Investoren unterstützte. Er ließ Ben seine Präsentation mehrfach laut vortragen, bis dieser sich in seiner Rolle sicher fühlte. Vijay wusste, wie er Bens Neigung, Dinge gut vorzubereiten, nutzen konnte. Am Ende brachte Ben seine Argumente überzeugend vor und gewann viele Interessenten für die neue Geschäftsidee.

Zusammenfassung: So können Sie Ihre Leistungen exponentiell steigern

Arbeiten gegensätzliche Partner gut zusammen, können sie sich voll auf ihre individuellen Stärken konzentrieren, was wiederum ihrem Projekt zugutekommt. Gleichgepolte Teams haben diesen Vorteil nicht. Sich ergänzende Rollen ergeben sich meist dann, wenn gegensätzliche Partner ein gemeinsames Ziel verfolgen, und oft sind die Ergebnisse des Teams dann sehr viel besser als erwartet. Das funktioniert jedoch nur, wenn die Rollen klar verteilt sind. Die Partner müssen sich die Anerkennung teilen und simple Typisierungen vermeiden, welche die Anstrengungen, sich auch in der Rolle des anderen zu üben, untergraben.

Hocheffiziente Partner machen sich füreinander stark, brechen aus strikt definierten Rollen aus und einigen sich auf ein gegenseitiges Coaching. Während Sie und Ihr Partner Ihre jeweiligen Rollen ausbauen, werden Sie lernen, dass Sie sich in weit mehr Bereichen als bisher auf den anderen stützen können, und gewinnen zudem mehr Vertrauen in Ihre eigenen Fähigkeiten.

Fragen zum Überdenken

1. Wie schätzen Sie Ihre Stärken ein, wenn Sie entscheiden müssen, welche Rolle Sie übernehmen?
2. Ist es für Sie in Ordnung, die Anerkennung auch dann mit einem Partner zu teilen, wenn Ihr Arbeitsanteil größer war?
3. In welchen Situationen machen Sie sich für Ihren Partner stark?
4. Wie brechen Sie gelegentlich aus Ihren festgelegten Rollen aus?
5. Wie häufig profitieren Sie und Ihr Partner von gegenseitigem direktem Coaching?

6. | Abneigungen überwinden

„Wir waren oft wütend aufeinander. Und dann gab es wieder Zeiten, in denen wir uns sehr gut verstanden. Ich glaube, wenn es um Filme ging, die uns beide erzürnten, sei es nun inhaltlich oder weil sie einfach nur dumm waren, hatten wir dasselbe moralische Empfinden.“

(Robert Ebert, TV-Filmkritiker über seinen Comoderator Gene Siskel[27])

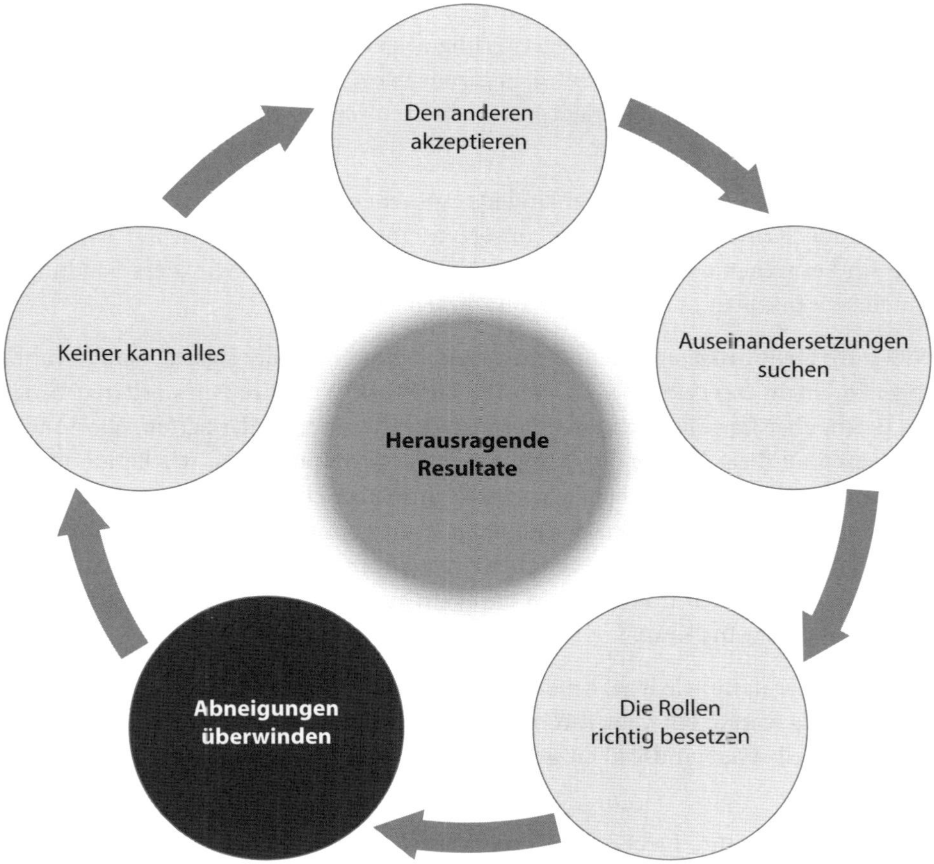

Abneigungen überwinden: Wenn Sie einander respektieren und einen freundschaftlichen Umgang pflegen, können Sie offen miteinander reden und haben Freude an Ihrer Arbeit.

Gene Siskel und Roger Ebert waren jahrelang die einzigen Filmkritiker im US-amerikanischen Fernsehen, und sie konnten sich nicht ausstehen. Wann immer die beiden miteinander diskutierten und ihr klassisches „Daumenhoch“ oder „Daumenrunter“ zu den Filmstarts des Monats gaben, konnte man sicher sein, dass die Fetzen flogen. Die beiden waren oft unterschiedlicher Meinung und Ausschnitte aus Interviews bezeugen, wie schwierig ihre Beziehung war. Sie stritten, lachten und wurden laut, sowohl hinter als auch vor der Kamera.

In einer Szene fordert der extrovertierte Roger den introvertierten Gene auf, er solle doch bitte „etwas mehr Begeisterung zeigen“. Woraufhin Gene erwidert, und Roger solle doch bitte „etwas *weniger* Begeisterung zeigen“.[28] Persönlicher wird es, als Roger, der von sich selbst sagt, er sei „nicht gerade der schüchterne und zurückgezogene Typ“, daraufhin anfängt, auf dem introvertierten Gene herumzuhacken, und ihm vorwirft, nicht spontan zu sein.

„Anfangs haben wir kaum miteinander gesprochen“, sagt Ebert. „Wir waren konkurrierende Kritiker und fochten unsere Meinungsverschiedenheiten lange Zeit auch im Fernsehen aus. Bis uns dann plötzlich aufging, dass wir diese Sendung ja gemeinsam machten … dass wir sie zusammen gestalteten.“[29]

1999 starb Gene Siskel an einem Gehirntumor, woraufhin der sichtlich aufgewühlte Roger in einem Interview bei *Larry King Live*[30] erklärte, ihre Animositäten hätten den tiefen, über Jahre gewachsenen Respekt, den sie voreinander hatten, übertüncht. „Da waren all diese kleinen Schwingungen, die wir teilten. Und wir hatten unsere Verständigungscodes. Wir haben so viele Filme und Ereignisse gemeinsam erlebt, dass wir schon die Gedanken des anderen lesen konnten.“ Ebert erklärt, wie sehr die beiden Filme geliebt hätten, vor allem gute Filme, und erinnert sich gerührt, wie sie sich *Fargo* ansahen und Gene im Dunkeln zu ihm gekrochen kam und meinte: „Dafür gehen wir ins Kino.“

Später sagte er dann: „Mir war nie richtig bewusst, wie sehr wir uns bei Filmen im Grunde einig waren. Ich habe ihn im letzten Jahr sehr vermisst … Es war für mich schon zur Selbstverständlichkeit geworden, Zugang zu diesem brillanten Kopf zu haben.“

Die beiden teilten ihre Liebe zum Film und hatten großen Respekt voreinander, obwohl sie oft wie Hund und Katz waren. „Gene liebte es, sich mit mir über Filme zu streiten“, erinnert sich Roger. „Weil ich eben nicht der schüchterne, zurückhaltende

Typ bin, gab ich ihm immer Kontra, und das gefiel ihm. Und was ich auch sehr an ihm schätzte, war, dass er meine Meinung zu Filmen respektierte und mir zuhörte."

Die Beliebtheit, die Siskels und Eberts Filmkritiken über die Jahre erlangten, zeugt von ihren großartigen gemeinsamen Leistungen und davon, dass sie von ihrer Partnerschaft trotz allem profitierten. Die größten Fortschritte machte ihre Beziehung, als sie endlich aufhörten miteinander zu konkurrieren, ihre anfänglichen Aversionen überwanden und sich stattdessen auf das gemeinsame Publikum konzentrierten. Ebert und Siskel konnten ihre gegenseitige Abneigung überwinden und eine Freundschaft aufbauen, die für beide ein großer Gewinn war.

Warum es wichtig ist, Abneigungen zu überwinden

Sie erzielen Resultate

Eine ganz ähnliche Dynamik konnte ich bei einem anderen Intro-extro-Paar in Perth in Australien feststellen. Der extrovertierte Ron Alexander, früher ein nationaler Fußballstar, ist heute Generaldirektor des städtischen Sport- und Freizeitresorts. Seinen introvertierten Kollegen Graham beschreibt er als einen der „anständigsten Menschen der Welt". Er und Graham, sagt Ron, seien „Seelenverwandte". Sie treffen sich jede Woche auf einen Kaffee und führen dabei hitzige Diskussionen, die schon entscheidend zu Richtungsänderungen in ihrem Resort und zum Wachstum der Abteilung beigetragen haben. Für beide ist dieser Job der zweite Abschnitt ihrer beruflichen Laufbahn, und sie haben sich zusammengetan, weil sie neue Kapazitäten schaffen und der Welt etwas Bedeutendes hinterlassen wollten. Zu diesem Zweck initiierten sie den Bau eines einzigartigen Sport- und Freizeitkomplexes, der in Australien viel Beachtung fand.

In seinem Buch *Powers of Two* beschreibt Joshua Wolf Shenk zahlreiche Paare, die trotz ihres unterschiedlichen Temperaments gute Freunde werden, darunter auch Steve Jobs (extrovertiert) und Steve Wozniak (introvertiert). Shenk schreibt: „Am Anfang ihrer Freundschaft hingen die beiden öfter zusammen in der Garage eines Freundes ab, und während sie darüber diskutierten, ob Bob Dylan oder die Beatles bessere Musik machten, entdeckten sie, wie viel sie gemeinsam hatten. Doch obwohl sie dieselbe Vision teilten, waren ihr Temperament und ihr Charakter extrem verschieden. Jobs konnte Leute durchbohren wie ein Laserstrahl ... Er habe immer Angst gehabt, das Falsche zu sagen, erklärte Wozniak."[31]

Die beiden waren zwar nicht die geborenen Freunde, aber sie teilten die Liebe zur Musik und eine Leidenschaft für Elektronik, und so fingen sie an, zusammenzuarbeiten. Der Grundstein für den Apple-Computer und die damit verbundene technische Revolution war gelegt, und Jobs und Wozniak wurden zum Paradebeispiel für die dynamische Zusammenarbeit gegensätzlicher Partner.

Es erweitert Ihren Horizont

Mollie lernte ich kennen, als ich in der zehnten Klasse der Highschool war. Sie war ganz anders als meine übrigen Freunde. Sie hatte lange rote Haare, war einen Meter achtzig groß und bewegte sich sehr langsam. Sie sprach kaum ein Wort und ließ meist die Schultern hängen. Trotzdem war sie das coolste Mädchen, das ich je getroffen hatte. Sie schrieb Gedichte, trampte am Wochenende durch die Gegend und erzählte uns, sie sei während eines Ferienlagers mit Bob Dylan Motorrad gefahren.

Es war mir egal, ob diese letzte Geschichte tatsächlich stimmte. Ich war von Anfang an ein Fan von ihr. Wir spielten zusammen Folksongs auf der Gitarre, und sie brachte mir bei, Gedichte zu schreiben und zu lieben. Sie lachte über meine Geschichten und schien mich mit meiner extrovertierten Energie witzig zu finden.

Wie so viele Highschoolfreundschaften ging auch diese irgendwann auseinander, und wir verloren uns aus den Augen. Ein paar Jahre später habe ich sie dann auf einer Reise nach Kalifornien noch einmal getroffen, doch die Wiedersehensfreude war gedämpft. Wir hatten uns beide verändert. Aber das war gar nicht so wichtig. Entscheidend war die Zeit, die wir gemeinsam verbracht hatten. Wir waren aneinander gewachsen und teilten Erfahrungen, die unseren Horizont erweitert hatten. Bevor ich Mollie traf, hätte ich mich nie für kreativ gehalten. Sie hat mir geholfen, diesen wichtigen Teil von mir zu entdecken.

Auch Errol la Grange, der australische Gründer und Chef eines Unternehmens für Onlinebildung, sagt von seinem Geschäftspartner und Freund Anthony, er erweitere seinen Horizont. „Wahrscheinlich habe ich mit Anthony mehr Zeit verbracht als mit irgendeinem anderen Menschen. Er ist für mich immer faszinierend und interessant. Ich bin gern mit ihm zusammen, egal ob bei der Arbeit oder in meiner Freizeit." Dann erzählt Errol weiter: „Anthony ist viel prozessorientierter, als ich es bin. Mir wird schnell langweilig und dann suche ich nach neuen Anregungen. Er hat mir beigebracht, weniger proaktiv zu sein und dafür verlässlicher zu arbeiten. Vielleicht hat Anthony im Gegenzug ja gelernt, etwas spontaner zu reagieren. Ich glaube, dank mir hat er es geschafft, ein kleines Stück aus seinem Schneckenhaus herauszukriechen." Diese Freunde haben ihre Abneigungen vollständig überwunden und erweitern heute ihren Horizont gemeinsam.

Veränderungen in der Beziehung führen zu Resultaten

Alle Intro-extro-Partnerschaften durchlaufen während ihrer Zusammenarbeit eine ähnliche Entwicklung vom intensiven Interagieren hin zum Loslassen. So kommen sich einige Geschäftspartner mit den Jahren näher und werden zu Freunden, wovon dann auch ihr Unternehmen profitiert. Das war beispielsweise bei den Consultingpartnern Billie Alban und Barbara Bunker der Fall, die bis heute gemeinsam um die Welt reisen. Andere Paare, wie Siskel und Ebert, beginnen ihre Partnerschaft im Konkurrenzkampf oder gar in Feindschaft, entwickeln dann im Laufe einer lebenslangen Zusammenarbeit jedoch große Sympathie füreinander. Und wieder andere, so wie Mollie und ich, pflegen für eine begrenzte Zeit eine sehr enge Freundschaft, in der sie viel voneinander lernen und aneinander wachsen, und gehen danach wieder getrennte Wege, ohne jedoch die positiven Erfahrungen zu vergessen.

Daran kann das Überwinden von Abneigungen scheitern

Sie hören auf, zu kommunizieren

Menschen, die eng zusammenarbeiten, werden oft zu Freunden. Das gilt in kleinen Betrieben genauso wie in großen Organisationen. Die extrovertierte Leila ist eine erfahrene Zahnarzthelferin. Sie arbeitet gern mit Jake, einem introvertierten Zahnarzt, zusammen, doch die beiden haben sich nicht immer gut verstanden. Anfangs ging Leila Jakes anhaltendes Schweigen auf die Nerven, und Jake regte sich über Leilas ständiges Geplapper auf.

Nachdem sie jedoch eine Weile miteinander gearbeitet hatten, lernten sie den anderen zu akzeptieren, wie er ist. Heute sieht Leila Jake als befreundeten Kollegen, und es herrscht eine lockere und entspannte Atmosphäre zwischen den beiden. Leila weiß genau, wann Jake sich an etwas stört – allerdings nicht, weil er mit ihr darüber spricht, sondern weil sie es an seinem genervten Gesicht sieht. Nennt er ihr keinen Grund für seinen Ärger, grübelt sie frustriert darüber nach, ob sie schuld ist an seiner schlechten Laune oder die Patienten. Leila sagt: „Mir tut es nicht gut, wenn ich Ärger in mich hineinfresse."

Verschließt sich ein introvertierter Mensch vor seinem Partner, versucht der Extrovertierte idealerweise, ihn aus der Reserve zu locken. Leila geht in einem solchen Fall direkt auf ihren Chef zu und fragt ihn zwischen zwei Patienten, was das Problem sei. Dann reden sie kurz darüber und können unbelastet weitermachen. Bleibt nicht genügend Zeit, um sich auszusprechen, übertragen sich die Spannungen der beiden auf die gesamte Praxis. Leila ist überzeugt, dass erst das Überwinden ihrer Abneigungen ihnen diese offene Kommunikation ermöglicht hat.

Sobald introvertierte und extrovertierte Kollegen nicht mehr miteinander sprechen, leidet die Arbeit darunter. Der Liedtexter Alan Jay Lerner und sein Partner Frederick Loewe schrieben gemeinsam Musicals wie *Camelot* und *My Fair Lady.* Joshua Wolf Shenk schildert auch ihre traurige Beziehung und zitiert aus Lerners Memoiren: „Zu viel wurde nie ausgesprochen. Am Ende waren wir wie dieses Paar in einem von Noel Cowards frühen Stücken. Da fragt einer: ‚Streiten sie sich?' Und die anderen erwidern: ‚Oh nein, sie sind viel zu unglücklich, um sich zu streiten.'"[32]

Lerner bringt damit unmissverständlich zum Ausdruck, dass er glaubt, er und sein Partner hätten noch sehr viel mehr unvergessliche Musik komponieren können, wenn sie nur mehr miteinander geredet hätten. Es wäre für sie – und für uns – eine Bereicherung gewesen.

Sie versuchen, eine Freundschaft zu erzwingen

Als ich in der Mittelschule viele Probleme mit meinen Freundinnen hatte, meinte meine Mutter: „Im Grunde braucht man nur eine wirklich gute Freundin." Damals glaubte ich ihr nicht, aber heute verstehe ich, was sie mir damit sagen wollte. Man muss sich nicht mit jedem befreunden, insbesondere nicht am Arbeitsplatz. Im Gegenteil, manch aufkeimender Freundschaft fügt man sogar einen immensen Schaden zu, wenn man versucht, sie zu erzwingen. Das musste auch die extrovertierte Eula schmerzlich erfahren.

Eula arbeitet im Vertrieb einer Technologiefirma. Sophia, eine introvertierte Kundenbetreuerin, die neu in die Firma gekommen war, machte sich mit neuen Menschen eigentlich lieber langsam bekannt, doch Eula lud sie sofort zum Mittagessen ein und schaute unaufgefordert immer wieder an ihrem Arbeitsplatz vorbei.

Sie erzählte Sophia auch viel von ihren familiären Problemen, alles Dinge, die diese gar nicht wissen wollte. Um ihre Privatsphäre zu schützen, distanzierte sich Sophia von Eula und ignorierte ihre Einladungen. Als Sophia sich dann irgendwann zu Eulas Leistungen äußern sollte, kritisierte sie ihre geschwätzige und distanzlose Art. Hier scheiterte eine potentiell starke Arbeitsbeziehung, weil einer der Partner den Stil und die Privatsphäre des anderen nicht respektierte.

Bedauerlicherweise hat Eula in ihrem Überschwang nie auf Sophias Reaktionen geachtet, was bei Sophia Misstrauen und Abneigung hervorrief. Von da an war es für eine erfolgreiche Partnerschaft schon zu spät.

Sie verrennen sich in Kleinigkeiten und vergessen dabei das eigentliche Ziel

Andy, ein extrovertierter Webdesigner, und sein Partner Clive, ein introvertierter Künstler, arbeiten schon seit sechs Jahren erfolgreich in einem aufstrebenden Unternehmen. In dieser Zeit haben sie sich angefreundet und für ihre herausragende Arbeit von verschiedenen prominenten Kunden mehrere Auszeichnungen erhalten.

Einmal hätte jedoch eines ihrer Projekte um ein Haar alles zunichtegemacht. Ein neuer Kunde rief an, weil er Andy, der für die Wartung der Webseiten verantwortlich war, informieren wollte, dass seine Seite abgestürzt sei. Clive, der es hasst zu telefonieren, nahm den Anruf nicht entgegen. Er ließ es einfach klingeln, hörte dann wie immer etwas später den Anrufbeantworter ab und schickte Andy eine Mail, in der er ihm das Problem mit der Webseite erläuterte. Andy schrieb wütend zurück, warum er sich nicht sofort darum gekümmert und ihn angerufen habe.

Als Erstes lösten die beiden das Problem mit der Webseite, und dann besprachen sie ihr Kommunikationsproblem. Clive willigte am Ende ein, bei Kundennotfällen in Zukunft sofort zu reagieren.

Introvertierte bevorzugen auch dann oft die schriftliche Kommunikation (SMS, E-Mail, soziale Netzwerke), wenn ein direktes Gespräch sehr viel effektiver wäre. Extrovertierte hingegen überbeanspruchen häufig die verbale Kommunikation (Skype, Telefon, Kaffeepause). Daher müssen sich Partner klar darauf verständigen, welchen Weg sie in welcher Situation mit dem Kunden wählen wollen.

Clives Reaktion auf den Notfall des Kunden bedeutete für die Freunde einen Umweg, durch den am Ende alle verloren. Die beiden hatten zugelassen, dass Kommunikationsprobleme ihr gemeinsames Ziel überschatteten.

Lösungen: Das Überwinden von Abneigungen kann Erstaunliches bewirken

Haben Sie Ihr Ziel immer direkt vor Augen

Freundschaften gegensätzlicher Menschen sind oft kompliziert. Wie Siskel und Ebert benehmen sie sich zuweilen wie Kinder, streiten sich oder schreien sich sogar an. Trotz allem wurden Siskel und Eberts aber von ihrem gemeinsamen Ziel, eine gute Sendung zu machen, angetrieben weiterzumachen, und letztendlich sind es dann genau diese Spannungen, die den Boden bereiten für wirklich kreative Durchbrüche.

Keine enge Beziehung kommt ohne Druck, Frust oder ein gelegentliches Augenrollen aus. Wenn Sie mit Ihrem Partner streiten, heißt das, Sie haben feste Überzeugungen. Teilen Sie ihm diese Überzeugungen mit, diskutieren Sie sie und setzen Sie sich dafür ein – aber vergessen Sie dabei nie, dass Sie und Ihre Ziele wichtiger sind als jede Zankerei.

Lassen Sie sich von gemeinsamen Symbolen leiten

Die gegensätzlichen Partner Dave Gilboa und Neil Blumenthal sind die Gründer und Chefs von Warby Parker, einem besonderen Onlineshop für Brillen. Laut ihrer Webseite verkaufen sie „qualitativ hochwertige Retro- und Hipster-Brillen für weniger als den halben Preis der meisten Designerbrillen". Zudem spendet das Unternehmen Brillen an Menschen in Entwicklungsländern, die damit ihre eigenen Brillengeschäfte eröffnen können.[33]

Eines der Firmensymbole von Warby Parker ist der Blaufußtölpel, ein seltener Vogel von den Galapagosinseln mit skurrilen blauen Schwimmfüßen und neugierigem Blick. In der Warby-Parker-Welt steht das drollige Tier für die Werte des Unternehmens, zu denen unter anderem gehört, „weltoffen, informiert und neugierig zu sein, stets dazuzulernen und seine Arbeit, nicht aber sich selbst, ernst zu nehmen"[34].

Den beiden Freunden und der gesamten Firma dient der Vogel als ständige Erinnerung an ihre Werte. Organisationen können mit solchen verbindenden Symbolen ihren genialen, aber gegensätzlichen Mitarbeitern helfen, persönliche Aversionen zu überwinden und sich auf die gemeinsamen Werte zu besinnen.

Seien Sie offen für kurzzeitige Freundschaften

Manche Bekanntschaften sind nur flüchtig, bieten aber dennoch die Chance, etwas zu lernen. Nachdem Beth, eine introvertierte Bibliothekarin, meine Rede vor der *American Library Association* gehört hatte, in der ich darüber sprach, wie viel wir aus fokussierten Gesprächen lernen können, schrieb sie mir:

Als Introvertierte war es für mich hart, in einer Stadt wie Vegas zu sein. Ich war in jener Nacht extrem müde, und als ich mir ein Taxi rief, wollte ich nur noch in mein Hotel, raus aus der Menschenmenge … Doch dann fing der Taxifahrer ein Gespräch mit mir an. Normalerweise lasse ich mich auf so etwas gar nicht ein, aber ich wollte ja das ‚aufmerksame Zuhören' üben und entschloss mich, es gleich zu versuchen. Es entwickelte sich eine erstaunlich interessante Unterhaltung über die Nag-Hammadi-Schriften und das Bildungssystem in Nevada.

Weiter schrieb Beth, sie wäre sehr froh, dass sie sich die Zeit genommen habe, diesem extrovertierten Taxifahrer zuzuhören und von ihm zu lernen. Die Bereitschaft, zuzuhören und sich auch mit Fremden zu unterhalten, erweitert den persönlichen Horizont sowohl von Extrovertierten als auch von Introvertierten.

Finden Sie den Mittelweg zwischen Privatsphäre und Offenheit

Die extrovertierte Bankerin Brook musste erst lernen, dass ihre Filialleiterin Monica Grenzen in ihrer Beziehung brauchte. Aber nach einiger Zeit respektierte sie sogar Monicas Entschluss, am Arbeitsplatz nicht über ihre Hochzeit zu reden, obwohl es sie anfangs irritierte. Will denn nicht jede junge Frau mit ihren Freundinnen über ihre Hochzeit reden? Nein, Frauen wie Monica möchten, dass ihr Privatleben privat bleibt. Als Brook das erkannte, zog sie sich zurück und ließ ihrer befreundeten Mitarbeiterin die Privatsphäre, die sie brauchte.

Hier ein kleiner Tipp

Für Extrovertierte: Warten Sie ab, bis Ihre introvertierten Bekannten von sich aus die Dinge erzählen, die sie auch wirklich erzählen möchten. Auf diese Weise gewinnen sie Vertrauen. Introvertierte geben erst nach und nach mehr von sich preis, daher wird Ihre Freundschaft ganz von selbst ein für beide angenehmes Maß an Austausch finden.

Für Introvertierte: Erzählen Sie zumindest so viel von sich, dass Ihr extrovertierter Bekannter das Gefühl hat, Kontakt zu Ihnen zu bekommen. Gehen Sie jedoch nie so weit, Informationen preiszugeben, bei denen Sie das Gefühl haben, sich auszuliefern. Fühlt sich Ihr Gegenüber wohl mit Ihnen, wird sich ein ausgeglichenes Gesprächsklima entwickeln.

Beide Seiten müssen Geduld haben.

Reden Sie miteinander

Der Biologe Francis Crick sagte einmal: „Höflichkeit ist Gift für jede gute Zusammenarbeit.“[35]

So wie Leila den introvertierten Zahnarzt Jake dazu ermutigt, sich seinen Ärger von der Seele zu reden, sorgen auch andere gegensätzliche Partner für eine bessere Arbeitsatmosphäre, indem sie darüber reden, was in ihren Köpfen vorgeht.

Die introvertierte Consultant Maureen sagt, wenn sie noch einmal von vorne beginnen könnte, würde sie mit ihrem extrovertierten Geschäftspartner Mark sehr viel früher über ihre charakterlichen Unterschiede sprechen.

Die Facebook-Chefs Mark Zuckerberg und Sheryl Sandberg sind bekannt für ihre Besprechungen hinter verschlossener Tür, in denen es um „Produkte, Strategien, Verträge, Personal und sie selbst" geht. In einem Gespräch über ihre Freundschaft beschreibt Sandberg, wie sie Zuckerberg bei seinen öffentlichen Auftritten coacht. Voller Anerkennung bemerkt dieser dazu: „Wenn wir miteinander reden, tauschen wir in 30 Sekunden mehr wichtige Dinge aus als in vielen meiner stundenlangen Meetings."[36]

Ziehen Sie in Betracht, Ihre Gespräche zuweilen auf neutralem Boden zu führen. Das hat denselben Effekt, wie wenn Sie einen Gast ins Restaurant einladen, anstatt zu sich nach Hause. Wallen die unausweichlichen Emotionen auf, werden Sie im Restaurant wahrscheinlich zivilisierter miteinander umgehen.

Lassen Sie sich ein bisschen verrückt machen

In einem Artikel des Magazins *Fast Company*, der für die Zusammenarbeit gegensätzlicher Partner plädiert, wird unter anderen auch Leigh Thompson zitiert, die Autorin von *Creative Conspiracy:* „Ich brauche jemanden, der mich verrückt macht, denn an dieser Person kann ich gut mein Verhalten kontrollieren."[37]

Errol und Anthony flachsen viel miteinander und lachen dabei über sich selbst und ihre Unterschiede. Errol sagt: „Ja, es stimmt. Beim Tischtennis schlägt mich Anthony so gut wie jedes Mal. Aber das macht mir nichts aus. Wir haben viel Spaß beim Spielen. Was mich aber wirklich nervt, ist, dass ihm die Arbeit wichtiger ist als Tischtennis spielen. Schande über ihn!"

Als ich einmal während eines meiner Seminare aus der Pause zurückkam, stellte ich fest, dass mein Teamkollege Lloyd einen langen Streifen Klebeband in der Mitte unseres Tischs befestigt hatte. Zugegebenermaßen hatte ich mich mit meinen Sachen auch auf seiner Seite ausgebreitet, und damit wollte er mir wohl einen unübersehbaren Wink geben.

Auf unseren vielen gemeinsamen Geschäftsreisen hatten wir ein so gutes Verhältnis entwickelt, dass wir über so etwas lachen konnten, und die Seminarteilnehmer lachten mit uns. Anstatt uns anzufeinden, hatten wir einen humorvollen Weg gefunden, mit unseren Aversionen gegen den Stil des anderen umzugehen. Und die witzigen Situationen, die sich daraus ergaben, genossen wir beide.

Der Pianist und Komiker Victor Borge sagte einmal: „Ein Lächeln ist die kürzeste Entfernung zwischen zwei Menschen." Erfolgreiche Intro-extro-Paare leben nach diesem Motto. Behalten Sie Ihren Sinn für Humor und lachen Sie täglich miteinander. Nur so können Sie sich entspannen, gegenseitig unterstützen und – das Allerwichtigste – bei der Arbeit Freunde bleiben.

Zusammenfassung: Der erste Schritt ist immer der schwierigste

Gegensätzliche Partner, die um eine Freundschaft bemüht sind, können deutlich bessere Resultate erzielen als gleichgesinnte Partner. Dazu müssen sie jedoch lernen, freundschaftlich miteinander umzugehen, und dabei die auf ihren Unterschieden basierenden Abneigungen überwinden. Idealerweise wachsen an diesem Prozess beide. Um Abneigungen überwinden zu können, müssen die Partner unter anderem ihr Ziel immer direkt vor Augen haben, sich von einem gemeinsamen Symbol leiten lassen, der Möglichkeit, dass eine Freundschaft auch nur von kurzer Dauer sein kann, offen gegenüberstehen, die Balance zwischen Privatsphäre und offenem Austausch finden, über alles reden und sich gegenseitig auch ein bisschen verrückt machen. Sehen Sie die Zeit, die Sie miteinander verbringen, als Chance für nachhaltige Veränderungen – Veränderungen, die ein Team von Gleichgesinnten womöglich nie bewirken könnte.

Fragen zum Überdenken

1. Was können Sie tun, um freundlicher zu wirken?
2. Wie finden Sie den Mittelweg zwischen dem Bedürfnis nach Privatsphäre und einem offenen Umgang?
3. Welche Rolle spielt das Lachen in Ihrer Partnerschaft?
4. Auf welche Weise zeigen Sie sich an den Interessen Ihres Partners interessiert?
5. Was lernen Sie von Ihrem Partner?

7. Keiner kann alles

„Obwohl das Temperament dieser beiden Männer nicht ungleicher hätte sein können – Roosevelts natürliche und aktive Art gegenüber dem grüblerischen und kritischen Charakter Tafts –, ergänzten sich ihre konträren Qualitäten hervorragend und erlaubten ihnen eine gute Kameradschaft und außergewöhnliche Zusammenarbeit."

(Die Historikerin Doris Kearns Goodwin über die Beziehung von William Howard Taft und Teddy Roosevelt[38])

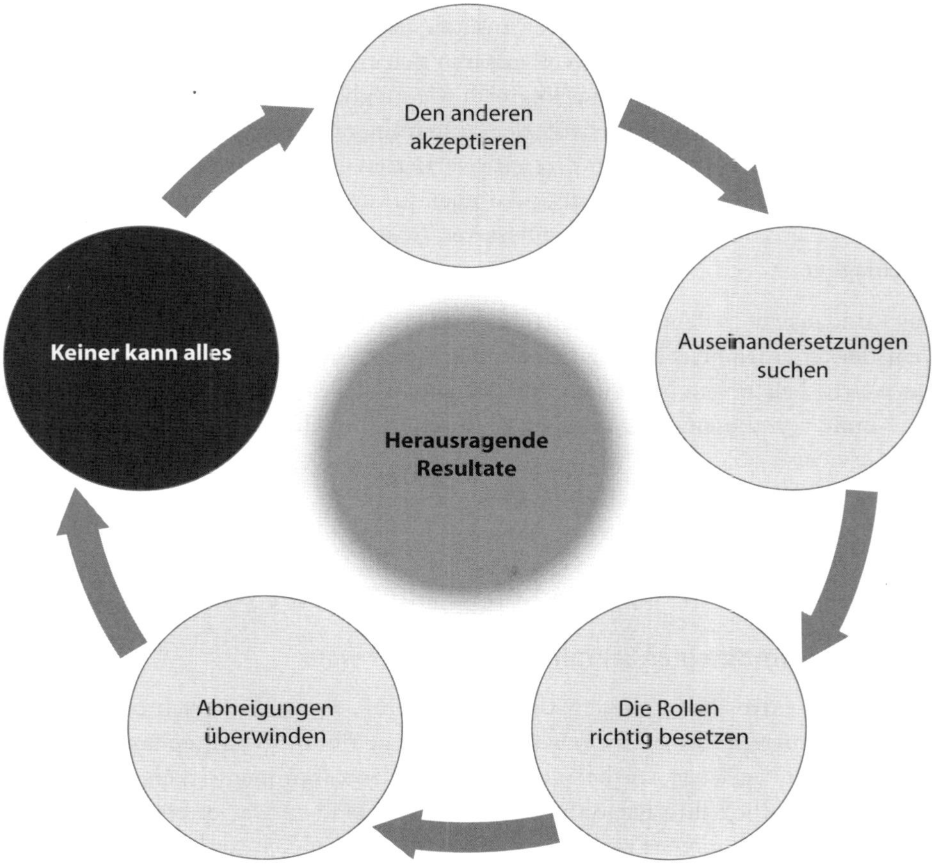

Keiner kann alles: Machen Sie sich klar, dass keiner von Ihnen alles kann. Nur indem Sie am selben Strang ziehen, können Sie echte Vielfältigkeit erreichen und anderen damit die größtmögliche Anzahl an Optionen bieten.

Jane und Stephanie, sie ist die introvertiertere der beiden Frauen, arbeiten zusammen in einer Videoproduktionsfirma. Die zwei sind sich einig, dass sie den Erfolg ihrer Videoaufnahmen und ihren festen Kundenstamm weitgehend ihren Unterschieden verdanken.

„Wie gut unsere Persönlichkeiten zusammenspielen, haben wir bei den Produktionsarbeiten für die Videos festgestellt“, erklärt Stephanie. „Jane sorgte immer dafür, dass sich die Kunden wohlfühlten, und beantwortete Fragen, während ich mich darum kümmerte, dass das Equipment richtig eingestellt und einsatzbereit war. Aber auch als unser Team dann noch zusätzliche Aufgaben wie Vertrieb und Buchhaltung übernahm, konnten wir von unseren sich ergänzenden Fähigkeiten profitieren. Mit dem Ziel, die Firma so erfolgreich wie möglich zu machen, haben Jane und ich die Aufgabenverteilung im Laufe der Jahre immer besser auf unsere persönlichen Stärken abgestimmt. Indem wir ihre extrovertierten und meine introvertierten Stärken nutzen, sind wir sehr effizient und drehen für unsere Kunden qualitativ herausragende Videos. Ich kann mir kein besseres Team vorstellen. Gemeinsam sind wir unschlagbar.“

Aus Kundensicht bedeutet „unschlagbar“, dass diese kreativen und aufmerksamen Dienstleister einen beispiellos guten Service bieten. Am Ende kann keiner mehr sagen, welche Leistungen Jane zuzuschreiben sind und welche Stephanie, und so erhält der Kunde von diesem dynamischen Duo sehr viel mehr als nur einen Eins-plus-eins-Service.

Warum die Einsicht, dass keiner alles kann, wichtig ist

Der Kunde nimmt einen reibungslosen Ablauf wahr

Wenn Intro-extro-Paare übereinstimmend agieren, nehmen sie sich die Zeit, von dem zu profitieren, was jeder am besten kann. Eine Kundin von Stephanie und Jane berichtete mir begeistert, wie harmonisch die beiden zusammenwirken. „Ich wusste, wie unterschiedlich ihre Persönlichkeiten sind. Trotzdem war es eine Freude, mit den beiden zu arbeiten. Sie lieferten ein fantastisches Videoprodukt ab.“

Erfolgreiche Intro-extro-Paare arbeiten vor dem Kunden reibungslos zusammen, auch wenn es hinter den Kulissen zuweilen Differenzen gibt. Tastet ein Team sich langsam an seine natürliche Rollenverteilung heran, kann der Machtkampf um die richtige Vorgehensweise vermieden werden, und am Ende werden dann oft die Erwartungen aller übertroffen.

Der Kunde kann zwischen verschiedenen Persönlichkeiten wählen

Mike Wittenstein, geschäftsführender Inhaber von *Storyminers,* einer Kundenerlebnis-Consulting-Firma, ging mit Stan Phelps, dem Experience-Architect und Gründer von *9 Inch Marketing,* eine Partnerschaft ein, über die er sagt „Wenn wir unser Team verkaufen, sind unsere Unterschiede unsere Stärke. Die Kunden mögen es, wenn sie für ihr jeweiliges Publikum zwischen verschiedenen Persönlichkeiten wählen können. Zudem wissen sie: Wenn sie einen von uns engagieren, bekommen sie automatisch beide. Und das gefällt ihnen."

„Das Ganze ist mehr als die Summe seiner Teile" – diese Gleichung geht auf, insbesondere wenn man sie über einen längeren Zeitraum oder auf komplexe Projekte anwendet.

Ein Medley bietet dem Kunden unterschiedliche Perspektiven

Starke Intro-extro-Paare suchen nicht mit aller Gewalt nach einer einvernehmlichen Haltung, sondern nutzen sattdessen ihre Unterschiede, um eine Auswahl verschiedener oder gar entgegengesetzter Ansichten präsentieren zu können. Es gibt nie nur eine richtige Antwort. Daher kommt man Kunden am besten entgegen, indem man ihnen möglichst viele Alternativen vorlegt. Eine ganze Reihe von Möglichkeiten zu haben, ist immer ein Gewinn.

Vor meinem Berufsverband hielt ich einmal gemeinsam mit einer frankokanadischen Kollegin einen Vortrag zur Nischenschaffung in unserer Branche. Zunächst präsentierte meine introvertierte Partnerin Ghislaine ihren gemäßigten und methodisch gut durchdachten Ansatz, mit dem sie ihr Unternehmen vergrößern konnte. Danach stellte ich dann die eher organische, fließende Methode vor, mit der ich meine Firma aufgebaut hatte. Die lebhaften und engagierten Diskussionen nach unserem Vortrag zeigten deutlich, dass das Publikum von unseren unterschiedlichen Ansichten zu diesem Thema profitiert hatte.

Wir leben in einer Zeit, in der Dienstleister mit ihren Kunden zusammenarbeiten. Zeigen Sie und Ihr Partner verschiedene Lösungswege auf oder vertreten konkurrierende Meinungen, dann ermutigen Sie damit auch Ihre Kunden, noch intensiver nach der besten Lösung für sich selbst zu suchen. Alle sitzen in einem Boot. Genauso wenig wie Sie sich in Ihrer Firma ein Team zusammenstellen würden, das nur aus Leuten wie Sie selbst besteht, würden Sie auch keinen externen Dienstleister beauftragen, der genau so denkt wie Sie selbst.

Intro-Extro-Partnerschaften bieten mehrere Optionen, die gegeneinander abgewogen werden können. Und am Ende erwächst daraus eine innovativere und umfassendere Lösung. Die introvertierte Referentin Maureen erklärte mir, sie vertrete beim Unterrichten nie dieselbe Meinung wie ihr extrovertierter Kollege Mark. „Wir setzen unsere Unterschiede ein. So begreifen die Kursteilnehmer, dass man an einem Thema arbeiten kann und es immer mehr als nur eine Sichtweise gibt. Unsere Kunden sagen, die Präsentationen wirken flüssig und ungekünstelt, und es sei nicht zu übersehen, dass wir zusammenarbeiten."

Den Kunden zuzuhören, ist nicht nur für gegensätzliche Partner in der Geschäftswelt wichtig. Auch kreativ schaffende Paare bedienen einen bestimmten Markt, auf den sie achten und reagieren müssen. In *Powers of Two* gibt Joshua Wolf Shenk viele Beispiele für kreative Partner, die genau das tun oder getan haben, wie beispielsweise Vincent van Gogh (extrovertiert) und sein Bruder, Kunsthändler und Sachwalter Theo (introvertiert). Shenk schreibt, Vincents frühe Werke hätte Theo als düster und trostlos empfunden, und so sei er zu seinem Mentor geworden, indem er ihn drängte, sich dem Impressionismus zuzuwenden.[39] Vincent hatte von dieser Bewegung nichts gewusst, bis er im Februar 1886 endlich zu seinem Bruder nach Paris zog. Wir verdanken Vincent van Goghs berühmte Sonnenblumen-Gemälde also letztendlich dem glücklichen Umstand, dass dieser sich den guten Rat seines gegensätzlichen Bruders zu Herzen genommen hatte.

Daran kann die Einsicht, dass keiner alles kann, scheitern

Partnerschaften, die ihren Kunden „2 für 1" bieten – und damit mehr Vielfalt –, können wunderbar funktionieren, aber auch dramatisch scheitern. Hier ein paar Beispiele:

Die Partnerschaft wird von einem dominiert

Es kommt vor, dass der Stil eines Partners die Partnerschaft dominiert. Wenn Introvertierte beispielsweise zu viel Zeit mit Überlegungen und Analysen vergeuden, kann ein Projekt zum Stillstand kommen. Es werden keine Entscheidungen getroffen und Konflikte hängen ungelöst in der Luft. Ist die Zeit ein ausschlaggebender Faktor, können die analytischen Stärken des Introvertierten das Fortschreiten eines

Projekts auch behindern. Andererseits können Extrovertierte in ihrem Bestreben, einen Vertrag oder ein Projekt so schnell wie möglich abzuschließen, ihre Partner oder Kunden auch zu sehr drängen und mit ihrer übertriebenen, zuweilen aufdringlichen Entschlossenheit Kunden vergraulen.

Eine andere Variante wäre, dass einer der Partner sich zu sehr ins Rampenlicht drängt, wie das Beispiel der introvertierten Sheri zeigt. Von ihrem extrovertierten Chef Jon erzählte sie mir: „In Kundenmeetings fühlte ich mich immer ganz klein neben ihm, obwohl ich über die anstehenden Themen viel mehr wusste. Man hatte immer das Gefühl, er wollte die ganze Aufmerksamkeit der Kunden für sich allein. Es war extrem schwierig, in unseren Vorbereitungstreffen oder den entscheidenden Meetings meine Ideen vorzubringen. Ich war echt frustriert und den Kunden ging, glaube ich, durch das Fehlen gut fundierter, wenn auch leiserer Beiträge einiges verloren."

Sie ignorieren Neigungen (ohne Rücksicht auf Verluste)

Obwohl viele gegensätzliche Partner versuchen, bei ihrer Arbeit mit Kunden Persönlichkeitsfaktoren zu berücksichtigen, können sie ihre Erkenntnisse häufig nicht richtig anwenden. Unter Stress und Zeitdruck konzentrieren wir uns voll auf die Aufgabe, die vor uns liegt, und vergessen dabei, das Ganze auch aus der Intro-extro-Perspektive zu betrachten.

Zudem kommt es häufig zu Problemen, wenn wir ausschließlich Kommunikationswege wählen, die uns selbst liegen, und die bevorzugten Kommunikationswege des anderen ignorieren. Das wäre zum Beispiel der Fall, wenn der extrovertierte Partner ohne Rücksicht auf Verluste vorwärtsdrängt oder der introvertierte vergisst, sich die Zeit für persönliche Gespräche zu nehmen. Im Einzelfall ist ein solches Verhalten nicht dramatisch, doch mit der Zeit stauen sich die verpassten Gelegenheiten zum Austausch an, und es kommt auf beiden Seiten zur Frustration.

Sie bereiten sich nicht gemeinsam vor

Wir haben schon gesehen, welch große Vorteile der besondere Service von Intro-extro-Partnern bieten kann. Nur gegensätzliche Teams können ihren Kunden gleich mehrere durchführbare Optionen offerieren. Doch gerade weil ein größeres Angebot auch die Wahlmöglichkeiten des Kunden vergrößert, wird diesem der Kopf schwirren, sobald die Präsentation des Angebots nicht adäquat vorbereitet ist.

Brian, introvertiert, ist Consultant im Gesundheitswesen. Als einmal ein wichtiges Verkaufsgespräch mit Lisa, der Pflegedirektorin eines großen Ausbildungskrankenhauses, anstand, entschloss er sich, seine extrovertierte Projektmanagerin Ava mitzunehmen. Als Lisa Ava nach alternativen Lösungen fragte, antwortete diese sehr detailliert und weitschweifig. Brian konnte beobachten, wie Lisas Blick sich trübte. Er unterbrach Ava freundlich und erklärte der potentiellen Kundin ihre Wahlmöglichkeiten noch einmal in einfachen Worten. Kurz darauf konnten sie den Vertrag abschließen. Avas Beitrag war sicherlich wichtig, doch weil sie ihre gemeinsame Präsentation nicht abgesprochen hatten und auch das Verkaufsgespräch und die Antworten auf mögliche Fragen nicht vorbereitet waren, hätte das Unternehmen um ein Haar einen wichtigen Kunden und einen großen Auftrag verloren.

Sie holen sich nicht die nötige Zustimmung

Der introvertierte Walt arbeitet als Bibliothekar in einer öffentlichen Bücherei in einer Stadt im Mittleren Westen. Einmal heckte sein Chef Daniel, der für die Öffentlichkeitsarbeit zuständig ist, bei einem Treffen der Handelskammer, gemeinsam mit dem Leiter einer lokalen gemeinnützigen Organisation den Plan aus, ein Programm mit Autorenlesungen auf die Beine zu stellen. Danach berichtete er voller Enthusiasmus auch Walt davon. Ihr Vorhaben, so erklärte er, würde alte und neue Unterstützer der Bücherei zusammenbringen und wäre ein entscheidender Schritt, sie wieder mehr ins Interesse der Öffentlichkeit zu rücken.

Walt hörte sich die begeisterten Vorschläge seines Chefs an und wäre am liebsten davongelaufen. Warum hatte Daniel ihn nicht nach seiner Meinung gefragt, bevor er die Sache ausgehandelt hatte? Woher sollte er die Zeit nehmen, um so viele Veranstaltungen und die nötige Logistik zu organisieren? Und dann erwartete sein Chef auch noch einen „Homerun“. Daniel hatte es versäumt, Walts Zustimmung einzuholen, bevor er seine Pläne besiegelte. Hätte er sich die Zeit genommen, sich mit Walt kurzzuschließen, um das Projekt gemeinsam zu planen und dann erfolgreich durchzuführen, hätte viel unnötiger Ärger vermieden werden können.

Lösungen: Wenden Sie das Wissen über Ihren Partner auch auf Kunden an

Profitieren Sie von den Neigungen introvertierter und extrovertierter Kunden

Nur wenn Sie die Neigungen Ihrer Klienten oder Kunden kennen, können Sie ihnen den bestmöglichen Service bieten. Der Autor Paul Tieger spricht davon, die Leute zu „scannen“[40], und meint damit, dass beide Partner ihre Energie der individuellen Herangehensweise eines Kunden anpassen können.

Überlegen Sie, ob Sie der zurückhaltenden Art Ihres introvertierten Kunden so weit wie möglich entgegenkommen. Nehmen Sie sich genügend Zeit, um Vertrauen aufzubauen? Geben Sie ihm ausreichend Gelegenheit, neue Informationen zu verarbeiten? Machen Sie genügend Pausen, und gönnen Sie ihm die nötige Ruhe? Sprechen Sie das Vorgehen, die Fakten, das System an? Introvertierte können mit diesen Faktoren viel anfangen. Und haben Sie schon daran gedacht, einem introvertierten Kunden anzubieten, neue Informationen erst zu überdenken und Ihnen dann per Mail zu antworten?

Auch auf die nach außen gerichtete Energie Ihrer extrovertierten Kunden können Sie sich einstellen. Bemühen Sie sich um einen intensiven Blickkontakt und lächeln Sie auch manchmal? Schaffen Sie ein gutes Verhältnis, indem Sie nach persönlichen Interessen und der Familie fragen? Verraten Sie einige Ihrer Ideen auch schon vorab, damit der Kunde schon vor den abschließenden Verhandlungen weiß, wie Sie denken?

Keiner kann alles. Aber beide Partner können sich den introvertierten oder extrovertierten Neigungen ihrer Kunden anpassen. Bleiben Sie Sie selbst, aber passen Sie Ihren Stil an. Auf diese Weise können Sie mit jedem Ihrer Kunden sehr viel effektiver zusammenarbeiten.

Zeigen Sie Flexibilität

Nur wenn Sie die Neigungen Ihrer Kunden kennen, können Sie in Erfahrung bringen, ob Ihre Leistungen deren Bedürfnissen auch entsprechen. Barbara Bunker, eine extrovertierte Beraterin für Unternehmensentwicklung, beschreibt dazu eine sehr effektive Methode, die sie „Das Goldfischglas“ nennt. Entwickelt hat die Methode ihre Kollegin Billie Alban, weil sie befürchtete, Introvertierte wie sie selbst würden in Gruppen mit Extrovertierten nur selten zu Wort kommen.

Billie bat alle Introvertierten, ihre Stühle in einem Kreis aufzustellen. Danach sollten sich die Extrovertierten um den Kreis verteilen. Wie bei einem Goldfischglas sahen die Extrovertierten nun von außen zu, wie die Introvertierten nach innen gerichtet arbeiteten. Nach einer Weile forderte Billie die Introvertierten auf, ihre Ideen und Reaktionen zur Diskussion zu stellen. Die Introvertierten öffneten sich und brachten ihre Gedanken und Gefühle klar zum Ausdruck. Für die Extrovertierten waren die offenen Kommentare, die plötzlich beigesteuert wurden, wie eine Erleuchtung. In der nachfolgenden Diskussion wurden deutlich mehr und vielfältigere Meinungen vertreten als gewöhnlich, und das lag daran, dass man den Introvertierten gestattet hatte, ihre Ansichten vorab, ohne visuelle oder akustische Unterbrechungen zu formulieren.

Nutzen Sie Ihre Unterschiede, um dem Kunden Offenheit zu demonstrieren

Indem Sie und Ihr Partner klar demonstrieren, dass Sie Ihre charakterlichen Unterschiede nutzen und akzeptieren, schaffen Sie ein offenes Arbeitsklima, und Ihre Kunden oder Klienten werden schneller bereit sein, unterschiedliche Ansätze in Betracht zu ziehen. Der Kunde hört, wie Sie und Ihr Partner auf die Ihnen entsprechende Art verschiedene Ansichten vertreten, und das wird ihn motivieren, dasselbe zu tun.

Einmal sagte mir einer von zwei gegensätzlichen Kollegen: „Es ist ein großer Vorteil, Dinge auf zwei Arten erklären zu können … Wenn wir uns mit Kunden unterhalten, sind unsere Gespräche immer im Fluss. Es geht hin und her und die Kunden sehen, dass auch Partner mit unterschiedlichen Stilen gut zusammenarbeiten können. Unsere Auftritte wirken in keinster Weise unnatürlich."

Versuchen Sie also nicht, Ihre Intro-extro-Unterschiede vor Kunden oder Klienten zu verbergen. Zeigen Sie ihnen, dass sie durchaus unterschiedlicher Ansicht sein können.

Finden Sie heraus, was funktioniert und was nicht

Ein guter Informationsfluss bedeutet, den Kunden zu fragen, was seiner Ansicht nach gut funktioniert und was verbessert werden sollte. Entspricht das Produkt oder der Service den Kundenansprüchen? Reagiert Ihr Team zeitnah? Was würde sich der Kunde von Ihrer Seite noch wünschen? Findet ein regelmäßiger Austausch statt, und empfindet der Kunde diesen als effektiv?

Daten zur Kundenzufriedenheit können Sie erheben, indem Sie Fragebögen verteilen oder Umfragen starten. Setzen Sie sich danach bewusst als gegensätzliche Persönlichkeiten zusammen, und entscheiden Sie, welche Veränderungen Sie aufgrund des Feedbacks in die Wege leiten wollen. Legen Sie Ihre Rollen eindeutig fest, und kommen Sie dann mit Ihren Ergebnissen zeitnah auf den Kunden zurück. In Zusammenarbeit mit Ihrem Partner und Ihrem Kunden (und mit Ihren kombinierten Stärken) sollten Sie dann in der Lage sein, den Erwartungen des Kunden voll zu entsprechen. Dennoch kann es in einzelnen Fällen vorkommen, dass Sie auch gemeinsam nicht genug bieten können und Sie oder der Kunde beschließen, mit jemand anderem zu arbeiten oder das Projekt abzubrechen. Eine gute Kommunikation mit Ihrem Partner wird Ihnen jedoch helfen, auch einen solchen Rückschlag zu überstehen.

Treten Sie gemeinsam stärker auf

Sie können Ihre Intro-extro-Erkenntnisse und -Stärken sowohl für eine bessere Zusammenarbeit mit Ihrem Partner als auch mit Ihren Kunden einsetzen.

Hier ein Beispiel: Die extrovertierte Brook, Vizepräsidentin und Filialleiterin einer Bank, erklärte mir, ihre introvertierte Angestellte Monica, verhalte sich im Kontakt mit Kunden ganz anders als sie selbst. Monica war eine ihrer fähigsten Mitarbeiterinnen, doch eines Tages fiel ihr auf, dass sie einem Kassierer, der sich mit einem schwierigen Kunden herumschlug, nicht schnell genug zu Hilfe eilte. Brook erklärte Monica, sie müsse in solchen Situationen in Zukunft früher eingreifen, und diese nahm das kritische Feedback auch offen auf.

Monicas Bereitschaft, von ihrer hochgradig extrovertierten Chefin zu lernen, trägt entscheidend dazu bei, den Kundenservice zu verbessern. Soll der Kunde von der Vielfältigkeit gegensätzlicher Partner profitieren, müssen beide bereit sein, Feedback zu geben und auch entgegenzunehmen. Sehen Sie sich zu diesem Thema noch einmal die Tipps zum direkten Coaching in der Tabelle in Kapitel 5 an.

Ein weiteres Beispiel hierfür gibt Dick Axelrod. Der introvertierte Koautor von *Let's Stop Meeting Like This* sagt, es habe ihm sehr geholfen, beim Schreiben an seine extrovertierte Frau und Koautorin Emily zu denken. Dank ihr konnte er sich die Reaktionen seiner extrovertierten Leser, die einen bedeutenden Teil seiner Zielgruppe ausmachten, sehr viel besser vorstellen. „Emily ist eher wie unsere Klienten … Daher dachte ich beim Schreiben oft an sie und überlegte: ‚Wie kann ich das auch noch anders ausdrücken?'" Mit Emily im Hinterkopf gelang es Dick, deutlich mehr Leser anzusprechen, und das trug zweifellos zum Erfolg des Buchs bei.

Stellen Sie das Whiteboard auf

Die Arbeit an Kundenprojekten oder auch Serviceleistungen findet größtenteils hinter den Kulissen statt, und dort funktioniert die Zusammenarbeit am besten, wenn Introvertierte und Extrovertierte mithilfe ihrer individuellen Stärken verschiedene Perspektiven zu einem Thema ausarbeiten können. Ein geniales Team bedient sich immer wieder der individuellen Stärken des Einzelnen, um am Ende gemeinsam das bestmögliche Resultat zu liefern.

Ricky Woolverton, der extrovertierte Vertriebsleiter, sagte über das Verhältnis zu seiner introvertierte Kollegin Liz: „Wir benutzen uns gegenseitig als Testpersonen. Dazu ziehen wir uns oft in einen Konferenzraum mit Whiteboard zurück und schreiben uns vor einer Entscheidung wichtige Stichworte und Pro und Kontra auf. Manchmal schlüpfen wir sogar in die Rolle bestimmter Kunden oder Angestellten, bevor wir unsere Präsentation zusammenstellen. So können wir die potentiell unterschiedlichen Standpunkte besser abschätzen."

Bei diesen gezielten Whiteboard-Treffen haben die beiden dann auch Gelegenheit, eventuelle Bedenken zur Sprache zu bringen. Liz sagt: „Ich schaue mir die Einzelheiten ganz genau an, bevor ich weitermache. Und Ricky will immer alles so schnell wie möglich ‚hinter sich bringen'."

Das Whiteboard dient den beiden als Hilfsmittel für ihre Vorbereitung. Sie setzen die Stärken beider Partner ein und können so mit den besten Lösungen aufwarten. Dank dieser Herangehensweise bekommt der Kunde am Ende die herausragenden Resultate einer komplementären Zusammenarbeit. Keiner der beiden Partner könnte das alleine leisten.

Zusammenfassung: Erhalten Sie sich Ihre unterschiedlichen Sichtweisen, um zu besseren Lösungen zu kommen

Berücksichtigen gegensätzliche Partner bei Ihrer Zusammenarbeit sowohl introvertierte als auch extrovertierte Perspektiven, bieten sie den Kunden damit eine größere Bandbreite an Meinungen und damit die Möglichkeit, noch bessere Lösungen zu finden. Zu akzeptieren, dass keiner alles kann, bedeutet für gegensätzliche Partner einen gewissen Aufwand. Sie müssen die introvertierten und extrovertierten Neigungen ihrer Kunden kennen, häufig mit den Kunden Rücksprache halten, durch den wirksamen Einsatz ihrer eigenen Unterschiede Kunden dazu ermutigen, sich zu äußern und ununterbrochen Feedback einholen. Dieser Aufwand ist jedoch die Mühe wert. Viele Kunden haben das Gefühl, von gegensätzlichen Partnern einen Service geboten zu bekommen, der weit über ihre Erwartungen hinausgeht.

Fragen zum Überdenken

1. Inwiefern profitieren Kunden von Ihren unterschiedlichen und abweichenden Ansichten?
2. Wie finden Sie heraus, was bei Ihren Kunden gut ankommt und was schlecht?
3. Wie stimmen Sie Ihre Ideen am besten aufeinander ab, bevor Sie sie dem Kunden präsentieren?
4. Wie demonstrieren Sie Ihren Kunden einen offenen Umgang?
5. Welche Schritte sind nötig, um die introvertierten oder extrovertierten Energien Ihrer Kunden zu erkennen?

Teil III

Die Resultate

8. | Behalten Sie die Resultate im Blick

„Wir sehen die Welt mit völlig anderen Augen, und das ist großartig!“ Mit diesen Worten beschreibt die extrovertierte Olivia die Zusammenarbeit mit ihrem introvertierten Partner Henry.

Doch um das von einer Partnerschaft behaupten zu können, genügt der Wille allein nicht. Für gegensätzliche Partner ist der Weg zu herausragenden Resultaten steinig, und bevor Sie sich über die ersten gemeinsamen Ergebnisse freuen können, werden Sie mit viel Frust und zahlreichen Missverständnissen konfrontiert werden.

Ziel ist es, nicht parallel zu arbeiten, sondern Ihre Beziehung lebendig und interaktiv zu gestalten. Stellen Sie sich behutsam aufeinander ein, kann sich eine starke Partnerschaft entwickeln. Verstricken Sie sich in Ihren Unterschieden, kann das Ganze aber auch ein verheerendes Ende nehmen.

Behalten Sie stets das Resultat im Blick, und machen Sie dabei nicht den Fehler, das Ergebnis mit dem Prozess zu verwechseln. Das Ergebnis ist Ihr gemeinsames Ziel, auf das Sie sich zubewegen. Der Prozess ist der Weg dorthin, der in einer Intro-extro-Partnerschaft aber nie für beide derselbe ist.

Daher sollten Sie im Laufe Ihrer Beziehung immer wieder auf die eine, entscheidende Frage zurückkommen: *„Was möchten wir mit alldem gemeinsam erreichen?“*

Gelingt es Ihnen und Ihrem Partner, den Fokus nicht auf Ihre Differenzen, sondern auf Ihre gemeinsamen Ziele zu richten, haben Sie die besten Chancen, herausragende Resultate zu erzielen.

Setzen Sie nun die Anregungen in die Tat um

Der heikle Prozess, den gegensätzliche Partner durchlaufen, enthält viele bewegliche Teile. Doch mithilfe der Empfehlungen in diesem Buch können Sie von Ihrer Beziehung vielleicht bald dasselbe behaupten wie Olivia.

Hier noch ein paar Fragen als Starthilfe:

1. Wie können Sie die fünf Schritte zur Genialität der Gegensätze verinnerlichen? Ganz einfach, indem Sie den Prozess stets vor Augen haben. Vielleicht möchten Sie sich die Download-Version unseres Schaubilds (verfügbar in der Mediathek zum Titel unter ↗ http://www.junfermann.de) auf Ihr Smartphone oder Ihren Desktop laden, oder Sie benutzen es als Bildschirmschoner. Egal wie, aber machen Sie es zu einem Teil Ihres täglichen Lebens.

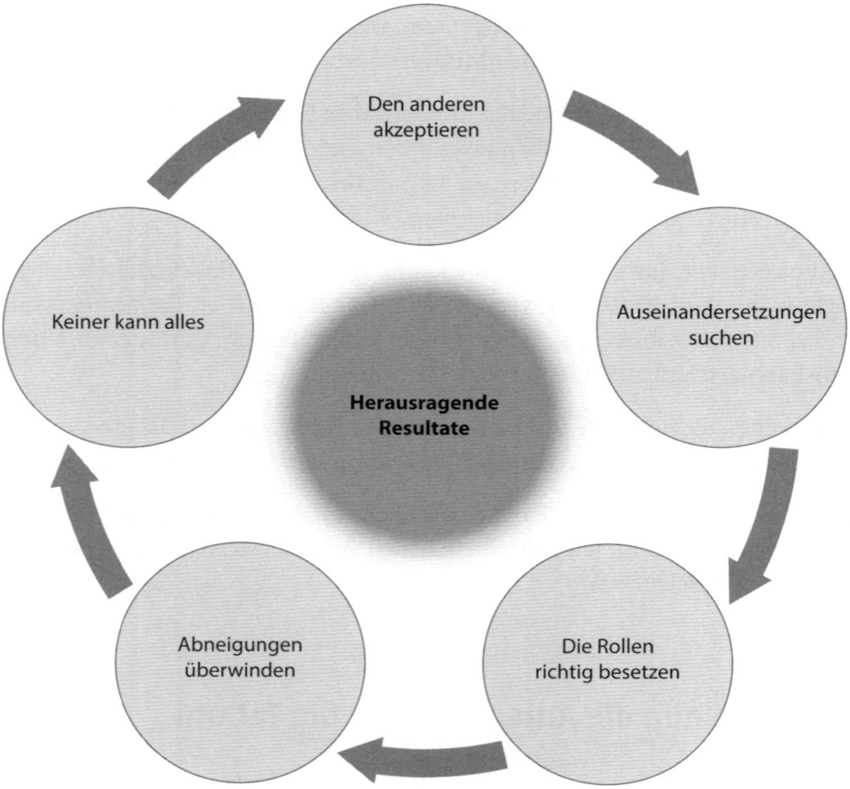

2. Welche Geschichten oder Beispiele im Buch haben Sie besonders inspiriert? Welche Lehren ziehen Sie daraus für Ihre eigene Situation?

3. Wie können Sie mit Ihrem Partner eine neue Herangehensweise finden? Sehen Sie sich die Lösungen in den Kapiteln 3 bis 7 noch einmal an, und versuchen Sie sich jede Woche an einem neuen Verhalten. Achten Sie darauf, welche Auswirkungen das auf die Ergebnisse Ihrer Arbeit hat.

4. Sind Sie bereit, den Test in Kapitel 2 in 30 Tagen zu wiederholen?
   - Bitten Sie Ihren Partner, den Test ebenfalls zu wiederholen.
   - Hat sich Ihr Endergebnis verbessert?
   - Wie sieht das neue Endergebnis Ihres Partners aus?
   - Was funktioniert in Ihrer Zusammenarbeit?
   - Was funktioniert nicht in Ihrer Zusammenarbeit?
   - Welche Ergebnisse erzielen Sie zwischenzeitlich?

5. Denken Sie an ein aktuelles Projekt mit einem gegensätzlichen Partner. Gibt es Punkte, an denen Sie feststecken? Welche Schritte auf dem Weg zur Genialität der Gegensätze könnten Sie anwenden, um die Situation zu verbessern?

6. Welche der fünf Schritte könnten Ihnen auch in familiären oder freundschaftlichen Beziehungen nützen? Wenden Sie die Schritte auch außerhalb der Arbeit an, gewinnen Sie die nötige Erfahrung und das Vertrauen, um auch Ihre Arbeitsbeziehungen zu stärken und voranzubringen.

7. Welche Resultate möchten Sie bei zukünftigen Aufträgen und Projekten oder mit Ihrem weiteren kreativen Schaffen erzielen? Wie können Sie die fünf Schritte zur Genialität der Gegensätze zum Ausgangspunkt für künftige gegensätzliche Partnerschaften machen?

Bevor Sie nun losziehen, um dem Lesen Taten folgen zu lassen, möchte ich Ihnen noch ein paar kluge Worte von Errol und Anthony mit auf den Weg geben, den beiden australischen Partnern, von denen Sie in diesem Buch immer wieder gehört haben.

„Keiner von uns hätte das Unternehmen ohne den anderen so groß und bedeutend machen können. Trotz unserer Unterschiede können wir beide die Sätze des anderen beginnen oder zu Ende führen."

(Errol la Grange, extrovertiert)

„Wir sind wie Yin und Yang: von Natur aus unterschiedlich. Und darauf basiert unsere Stärke. Aus dem Unterschied erwachsen gemeinsame Werte und Visionen, doch im Kern steckt Vielfalt."

(Anthony Morris, introvertiert)

An dieser Stelle möchte ich noch einmal Olivia zitieren und Ihnen für die gemeinsame Suche nach Ihrer Genialität großartige Ergebnisse wünschen.

Danke, dass Sie sich mit auf den Weg gemacht haben.

Danksagung

Ich danke meiner Mutter Lucille Boretz. Danke für deine Wärme, deine Unabhängigkeit und dein ansteckendes Lachen. Von dir habe ich gelernt, Liebe anzunehmen und zu geben. Sehr viel verdanke ich auch meinem verstorbenen Vater Alvin Boretz, dessen energiegeladene Lebensfreude ich stets in mir spüre. Noch immer vermisse ich dich jeden Tag, doch deine Worte „Leiste einen Beitrag, Jenna" begleiten mich auf meinem Weg durchs Leben. Du hast mir beigebracht, grenzenlos neugierig und hartnäckig zu sein.

Danke, Bill, mein Mann und Gegenpol, dafür, dass du mich seit so vielen Jahren liebst. Ich weiß, du hast das heiß ersehnte Geschenk der Einsamkeit genossen, als ich mich in meinem Arbeitszimmer verkrochen hatte. Arlo hat seine Alice, und ich habe meinen Bill. Koch bitte weiter! Außerdem gefällt es mir, wie du die Rolle des verspielten Großvaters „Grumps" so selbstverständlich und mühelos ausfüllst.

Danke auch meinen wunderbaren Töchtern. Danke, Lindsey Goldberg. Ich bin so stolz, wie du die schwierige Gratwanderung zwischen Mutterschaft und Beruf bewerkstelligst und dabei auch noch auf dich selbst achtgibst. Du bist eine kluge Zuhörerin, die sich aufrichtig für mein Leben interessiert. Danke, Jessie Kahnweiler. Deine wunderbare, mutige und unglaublich witzige Arbeit, die du furchtlos in die Welt hinausträgst, beschämt und inspiriert mich. Von dir habe ich gelernt, in meine kreativen Fähigkeiten zu vertrauen.

Danke meiner Enkeltochter Ava Ruth. Du bereitest mir unbeschreiblich viel Freude sowohl in Filmaufnahmen als auch im wahren Leben. Ich liebe es, Bücher mit dir anzuschauen. Auf dich aufzupassen ist das reinste Vergnügen. Danke, mein Schwiegersohn Adam Goldberg (alias Ryan Phillipe), für deine Klugheit, deinen Witz und deine wunderbaren Familienfotos. Und natürlich gilt meine Liebe und Dankbarkeit ebenso meinem Schwiegervater Lou Kahnweil, meiner geliebten Schwester Carrie Boretz, meiner Tante Arline Garson und meiner ganzen New Yorker und Chicagoer Familie.

Danke meinem Team Arlene Chon, Nick Alter, Steven Burton und Becky Robinson samt ihren Leuten bei *Weaving Influences* und der großartigen Belegschaft der UPS-Filiale in Dunwoody, Georgia. Es gibt nichts Schöneres, als mit euch zu arbeiten und kreativ zu sein. Danke, Nancy Breuer, meine talentierte Lektorin. Als Meisterin der englischen Sprache hast du mir behutsam zu einem knackigeren Schreibstil verholfen und dabei stets meine Stimme und meinen Zeitplan respektiert. Danke, Jon Peck, du hast diesen Worten visuelles Leben eingehaucht.

Ehrfurchtsvoll verbeuge ich mich vor Jeevan Sivasubramaniam, meinem brillanten Lektor bei Berett-Koehler und genialen Gegenpol. Du hast mir geholfen, den Kern dieses Buchs freizulegen und eine tiefer gehende Geschichte zu erzählen. All meine Fragen (auch die bangen) hast du mir geduldig und respektvoll beantwortet.

Danke, Steve Piersanti, Verlagschef von Berrett-Koehler, dass Sie mir die Hand gereicht haben und einer Welt angehören, die Introvertierte wie Extrovertierte wertschätzt.

Nicht unerwähnt bleiben dürfen die scharfsinnigen Anmerkungen meiner Manuskriptkorrektorinnen Carol Metzker, Pamela Gordon und Danielle L. Goodman. Ausgezeichnete Arbeit, Ladys!

Zudem gilt mein Dank noch vielen anderen hervorragenden Mitarbeitern von Berrett-Koehler: Kristen Frantz, Lasell Whipple, Rick Wilson, Courtney Schonfeld, Mike Crowley, Katie Sheehan, Johanna Vondeling, Maria Jesus Aguilo, Catherine Legronne, Zoe Mackey, Anna Leinberger, Grace Miller, Marina Cook, David Marshall und Charlotte Ashlock. Wann immer ihr eine „Königin für einen Tag" braucht, ich bin bereit!

In Dankbarkeit für das Vertrauen in meine Arbeit verbeuge ich mich vor Becky Robinson, Elissa Amerson, Dave Basarab, Barbara McAfee, Jesse Stoner, Bill Stainton, Joshua Wolf Shenk, Adam Grant, Dick Axelrod, Emily Axelrod, Marcia Reynolds, Bill Treasurer, Susan Zeidman, Dave Summers, Alexandra Watkins, Lisa McLeod, Vinay Kumar, Michael Prince, Lan Bercu, Ken Futch, Pete Weissman, David Greenberg, Gene Greissman, Stephanie Roemer, Suzanne Richards und Richard Ruiz.

Besonders zu erwähnen ist noch eine Gruppe von Autorinnen und Autoren, die bahnbrechende Werke zur Introversion verfasst haben und mir damit von unschätzbarem Nutzen waren, darunter Susan Cain, Beth Buelow, Sophia Dembling, Nancy Ancowitz und Val Nelson.

Mein Dank gilt auch den Lesern meiner Bücher, die mir die Türen zu neuen Forschungsansätzen geöffnet haben, und den vielen genialen gegensätzlichen Paaren, die in stundenlangen Interviews ihre Geschichten mit mir teilten. Ihr wart mit eurer Zeit, eurer Ehrlichkeit und euren Erfahrungen mehr als großzügig. Ohne euch gäbe es dieses Buch nicht.

Leider ist auf diesen Seiten nicht genügend Platz, all die Menschen aufzulisten, die in diesem Buch ihre Spuren hinterlassen haben. Ich danke euch.

Die wichtigste Lektion, die ich in letzter Zeit über Mut und Würde gelernt habe, verdanke ich jedoch meinem Freund und Mitautor bei Berrett-Koehler, Jamie Showkeir, der sich tapfer den Herausforderungen von ALS stellt (Amyotrophe Lateralsklerose). Er und seine Frau Maren sind wunderbare Menschen, die ihre täglichen Hürden meistern. Sie haben mich gelehrt, jeden einzelnen Tag zu genießen.

Namaste

Anmerkungen

Kapitel 1

1 Oliver Leiber: „Opposites Attract“, aufgenommen von Paula Abdul 1988.

2 Buelow, B. (im Druck): *The Introvert Entrepreneur: Amplify Your Strengths and Create Success on Your Own Terms.* New York: Penguin.

3 Buelow, B. (2014): „Married with Luggage“. *The Introvert Entrepreneur, Episode 66* (einzusehen unter ↗ http://theintrovertentrepreneur.com/2014/05/15/ep66-married-with-luggage-a-conversation-with-betsy-warren-talbot/).

4 Rauch, J. (2003): „Caring for Your Introvert“. *The Atlantic Magazine,* 3/2003.

5 Zack, D. (2010): *Networking for People Who Hate Networking.* San Francisco: Berrett-Koehler. [Dt.: *Networking für Networking-Hasser: Sie können auch alleine essen und erfolgreich sein!* Offenbach: Gabal, 2012]

Kapitel 3

6 Wolf Shenk, J. (2014): *Powers of Two.* Boston: Houghton Mifflin Harcourt, S. 245.

7 Sondheim, S. (2013): „Six by Sondheim“. HBO, Dokumentation von James Lapine und Frank Rich.

8 „Spielberg and Williams“, *TCM Presents: AFI's Master Class: The Art of Collaboration.* TCM, November 2011.

9 Stone, B. (2013): *The Everything Store.* Boston: Little, Brown, S. 28. [Dt.: *Der Allesverkäufer: Jeff Bezos und das Imperium von Amazon.* Frankfurt: Campus, 2013]

10 Kiersey, D. & Bates, M. M. (1984): *Please Understand Me.* New York: Prometheus Nemesis, S. 1. [Dt.: *Versteh mich bitte.* New York: Prometheus Books, 1990]

Kapitel 4

11 Wolf Shenk, J. (2014): *Powers of Two.* Boston: Houghton Mifflin Harcourt, S. 19.

12 Heffernan, M. (2012): „Dare to Disagree“. TED. (Einzusehen unter: http://www.ted.com/talks/margaret_heffernan_dare_to_disagree).

13 Polk, B. & Chotas, M. E. (2014): *Power Through Partnership: How Women Lead Better Together.* San Francisco: Berrett-Koehler, S. 109.

14 Lutz, R. (2013): „Straight Talk from Bob Lutz on 6 Auto CEOs“. *Fortune,* 4.6.2013. (Einzusehen unter: ↗ http://fortune.com/2013/06/04/straight-talk-from-bob-lutz-on-6-auto-ceos/)

15 Merchant, N. (2013): „Sitting is the Smoking of our Generation“. *Harvard Business Review,* 14.1.2013. (Einzusehen unter: ↗ https://hbr.org/2013/01/sitting-is-the-smoking-of-our-generation/)

Kapitel 5

16 Doyle, A. C. (2007): *Sherlock Holmes' Buch der Fälle,* „Der Mann mit dem geduckten Gang". Frankfurt am Main, Leipzig: Insel Verlag.

17 Elstrom, P. (2013): „Alibaba CEO Lu Rises From Holiday Inn Job to Ma Confidant". *Bloomberg,* 18.11.2013. (Einzusehen unter: ↗ http://www.bloomberg.com/news/articles/2013-11-17/alibaba-ceo-lu-rises-from-holiday-inn-job-to-ma-confidant-tech)

18 Grant, A. (2013): „Rethinking the Extraverted Sales Ideal: The Ambivert Advantage". *Psychological Science,* 8.4.2013, S. 1024–1030.

19 Wolf Shenk, J. (2014): *Powers of Two.* Boston: Houghton Mifflin Harcourt, S. 66–67.

20 Heenan, D. A. & Bennis, W. (1999): *Co-Leaders: The Power of Great Partnerships.* New York: John Wiley, S. 279.

21 Rosenblatt, R. (1996): „The Straight Man". *Modern Maturity,* Juli/August 1996, S. 20.

22 *I Love Lucy,* „The Diner" (Staffel 3, Folge 27). CBS, März 1954.

23 Welch, M. P. (2013): „An Interview with John Oates, Who Deserves Your Respect". *Vice,* 21.10.2013. (Einzusehen unter: ↗ http://www.vice.com/read/john-oates-new-orleans-interview)

24 Grant, A. (2013): *Give and Take.* New York: Viking, S. 79–82. [Dt.: *Geben und Nehmen: Erfolgreich sein zum Vorteil aller.* München: Droemer, 2013.]

25 Ancowitz, N. (2010): „Secrets to a Successful Introvert-Extrovert Team". *Psychology Today online,* 15.3.2010. (Einzusehen unter: ↗ http://www.psychologytoday.com/blog/self-promotion-introverts/201003/secrets-successful-introvert-extrovert-team)

26 Sugars, B. (2008): „Avoid These 7 Partnership Killers". *Entrepreneur,* 10.9.2008. (Einzusehen unter: ↗ http://www.entrepreneur.com/article/196912)

Kapitel 6

27 Siskel, G. & Ebert, R. (1987): „Siskel & Ebert @ The David Letterman Show". *The David Letterman Show,* NBC. (Interview von David Letterman, einzusehen unter: ↗ http://www.youtube.com/watch?v=oFr4U-iFAIw)

28 Siskel, G. & Ebert, R.: „Siskel & Ebert '80s Outtakes". Siskel & Ebert. (Einzusehen unter: ↗ https://www.youtube.com/watch?v=OkwVz_jK3gA)

29 Ebert, R. (2011): „Ebert: A ‚Life' Still Being Lived, And Fully". NPR, 13.11.2011. (Einzusehen unter: ↗ http://www.npr.org/2011/09/13/140437328/ebert-a-life-still-being-lived-and-fully).

30 Ebert, R. (2009): „Roger Ebert Speaks to Larry King about Gene Siskel". *Larry King Live,* CNN, November 2009, Interview von Larry King. (Einzusehen unter: ↗ https://www.youtube.com/watch?v=SRErc9HJSq8)

31 Wolf Shenk, J. (2014): *Powers of Two.* Boston: Houghton Mifflin Harcourt, S.17.

32 Wolf Shenk, J. (2014): *Powers of Two.* Boston: Houghton Mifflin Harcourt, S. 182.

33 Rebeck, G. (2014): „5 Minutes with Neil Blumenthal, Co-Founder and Co-CEO, Warby Parker". *Delta Sky Magazine,* September 2014, S. 30.

34 Blumenthal, N. & Gilboa, D. (2013): „Dynamic Duos: 5 Brilliant Business Lessons from Warby Parker's CEOs". *Fast Company,* Dezember 2013. (Einzusehen unter: ↗ http://www.fastcodesign.com/3016313/design-50/dynamic-duos-5-brilliant-business-lessons-from-warby-parkers-ceos)

35 Wolf Shenk, J. (2014): *Powers of Two.* Boston: Houghton Mifflin Harcourt, S. 180.

36 Helft. M. (2010): „Mark Zuckerberg's Most Valuable Friend". *New York Times,* 2.10.2010. (Einzusehen unter: ↗ http://www.nytimes.com/2010/10/03/business/03face.html?_r=4&)
37 Thompson, L. (2013): *Creative Conspiracy: The New Rules of Breakthrough Collaboration.* Boston: Harvard Business Review Press, S. 91.

Kapitel 7

38 Kearns Goodwin, D. (2014): *The Bully Pulpit.* New York: Simon & Schuster, S. 94.
39 Wolf Shenk, J. (2014): *Powers of Two.* Boston: Houghton Mifflin Harcourt, S. 74–75.
40 Tieger, P. (1999): *The Art of Speedreading People.* Boston: Little, Brown.

Über die Autorin

Jennifer B. Kahnweiler, PhD, CSP ist eine als „Champion für Introvertierte" gefeierte Vordenkerin, Autorin und weltweit gefragte Vortragsrednerin. Ihre Bestseller *The Introverted Leader: Building on Your Quiet Strength* und *Die Stärken der Stillen: Selbstvertrauen und Überzeugungskraft für introvertierte Menschen* haben breite Anerkennung gefunden und wurden bereits in vierzehn Sprachen übersetzt, darunter Chinesisch und Spanisch.

Im Laufe ihrer beruflichen Karriere arbeitete sie als Vertrauenslehrerin an einer Grundschule, als Universitätsverwaltungsangestellte, als Programmleiterin der US-Regierung und als Karrierecoach. Während ihrer Tätigkeit als Pädagogik- und Entwicklungsexpertin für führende Organisationen wie *General Electric, Freddie Mac,* die NASA, *Turner Broadcasting* und die US-amerikanischen Zentren für Krankheitskontrolle und Prävention konnte sie zudem ihre Kenntnisse über introvertierte Menschen vertiefen und lernte diese mehr und mehr schätzen.

Über die Jahre hielt Jennifer programmatische Vorträge und Seminare in Ländern auf der ganzen Welt, darunter Australien, Vietnam, Japan, die Niederlande und Paraguay. Ihre Präsentationen zeichnen sich durch ihren charakteristischen Humor, anschauliche Geschichten und praktische Tipps aus und in Zeitschriften wie *Fortune, Forbes, Time Magazine, Bloomberg Business Week* und dem *Wall Street Journal* wurden bereits zahlreiche Artikel von ihr veröffentlicht.

Ihren Doktortitel erwarb Jennifer an der Florida State University im Fach „Counseling and Organizational Development", nachdem sie an der Washington University in St. Louis bereits Abschlüsse in Soziologie und „Counseling" gemacht hatte. Sie trägt den Titel „Certified Speaking Professional" (CSP), eine Auszeichnung, die nur sehr wenigen professionellen Rednern verliehen wird. Zudem war sie Vorstandsmitglied der Autorenkooperative des Berrett-Koehler-Verlags, der Global Task Force und der *National Speakers Association of Georgia.*

Jennifer, die in der Nähe von New York aufgewachsen ist, lebt heute mit ihrem Mann Bill und ihrem Kater Fred (der Bill immer noch lieber mag als sie) in Atlanta, Georgia.